我
们
一
起
解
决
问
题

极简工作法则

THE RULES OF WORK

如何成为领先的少数人

［英］理查德·泰普勒（Richard Templar）————————————————著

姚小菡 ————————————————————————————译

人民邮电出版社

北京

图书在版编目（CIP）数据

极简工作法则：如何成为领先的少数人 / （英）理
查德·泰普勒（Richard Templar）著；姚小菡译. ——
北京：人民邮电出版社，2017.8
ISBN 978-7-115-45687-8

Ⅰ．①极… Ⅱ．①理… ②姚… Ⅲ．①工作－效率－
通俗读物 Ⅳ．①C935-49

中国版本图书馆CIP数据核字（2017）第099879号

内 容 提 要

希腊戏剧大师欧里庇得斯曾经说过：“有远大抱负的人不可忽略眼前的工作。”大多数人都十分关注自己的工作，但同时也有很多人对工作颇有微词：不公平待遇、工作多报酬少、总需要加班、流程制度太多、小人当道，等等，不一而足。

《极简工作法则》一书用简明的语言阐述了工作中各种重要事项，例如，如何在工作中树立威信、如何处理与同事的关系、如何融入群体、如何面对纷争、如何应对竞争、如何脱颖而出，等等，这些内容本书都有涉猎。作者提出的一条条法则，看似简单，却给予了我们实用、扼要的指导，可以帮助我们摆脱抱怨，恰当处理职场中面临的各种问题，更好地规划自己的职业生涯。

对于职场人士而言，无论你是刚入职的新手，还是久经职场的熟手；无论你是基层员工，还是中层干部；无论你是想升职，还是想创业，本书都将对你有所助益。

◆　著　　　　［英］理查德·泰普勒（Richard Templar）
　　译　　　　姚小菡
　　责任编辑　姜　珊
　　执行编辑　柳小红
　　责任印制　焦志炜

◆　人民邮电出版社出版发行　北京市丰台区成寿寺路11号
　　邮编 100164　电子邮件 315@ptpress.com.cn
　　网址 https://www.ptpress.com.cn
　　涿州市般润文化传播有限公司印刷

◆　开本：880×1230　1/32
　　印张：8.75　　　　　　　　　　2017年8月第1版
　　字数：180千字　　　　　　　　2025年9月河北第32次印刷
　　著作权合同登记号　图字：01-2016-4780 号

定　价：49.00元
读者服务热线：（010）81055656　印装质量热线：（010）81055316
反盗版热线：（010）81055315

谨以此书献给瑞秋·斯托克。

没有她的支持、鼓励和热忱，就没有这部作品。

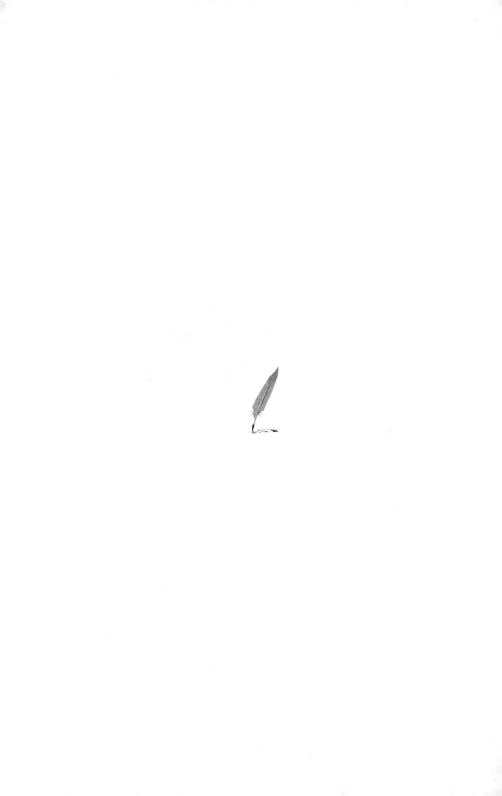

◤ 理查德·泰普勒与他的人生法则系列图书 ◢

❝ 泰普勒人生法则系列"图书是欧美史上最畅销的心理自助丛书之一，也是英国家喻户晓的一套经典长销书。其中一些单本长期占据英国亚马逊排行榜前 100 位，其在英国的影响力不亚于《哈利·波特》。

在英国，截止到 2016 年年中，"泰普勒人生法则系列"总销量有 200 多万册。其中，单本《极简生活法则》英文原版已销售了 60 万册；《极简工作法则：如何成为领先的少数人》英文原版已销售了 51 万册；《财富的理想国：关于财富的 117 条法则》英文原版则销售了 27.8 万册。可以说，"泰普勒人生法则系列"图书是欧美各地机场书店里都会摆放、码堆的一套书。

理查德·泰普勒（Richard Templar），欧美畅销书"泰普勒人生法则系列"图书的作者，被誉为"个人成长"的导师。

泰普勒的人生轨迹丰富多彩，在其 30 年的工作生涯中，他涉猎了不同的领域，在不同企业内负责过不同的工作，现在他自己创业，同时经营几家公司。他的个人成功促使其开启了传道授业解惑的旅程，与大众分享他的成功法则。

据不完全统计，全球有超过 240 万人在按照他所建议的法则行事。有评论家认为，理查德的文字风格，既不是那种冷硬命令式、听多了让人觉得苛刻的"教科书风格"，也不是温柔多情式、听久了让人觉得黏糊糊的"中央空调风格"，而是一种介于两者之间温暖又不失客观的风格。

"泰普勒人生法则系列"图书之所以受到欧美读者的欢迎，最重要的原因就在于，泰普勒强调了一种人生观：无论做什么，我们都要有自己的态度并且能够坚持下去。这个结论来源于他对周围各领域成功人士的细微观察，他发现有些人总是看起来生活得很轻松，无论身处何种状况，他们总是能够积极向上，做正确的事情，而大家都喜欢这样的人，大家也都希望成为这样的人。于是，他将自己所观察到的一切总结成一条条简单的法则，分享给了每一位想从容应对生活的人。

作为"泰普勒人生法则系列"图书中文版的出版方，我们希望这套书能从生活、职场、管理、爱情、财富、为人父母及自我突破等领域为读者提供一条人生捷径，帮助每一个人都学会坚持、学会思考，成为自己生命的主人。

我猜，大多数人都想把工作做好；我猜，大多数人都想承担更重要的职责，期待获得更丰厚的薪水、更可靠的保障、更高的地位和更光明的前程。所以我们在职场上极力表现，以期赢得自己所希冀的褒奖、尊重和晋升。

确实，我们都该做好自己的本职工作。那些拙手笨脚、行事懒散、不善交际的人，本就没什么未来可言。但你如果仅仅这么想，你就大错特错——这可不是我的猜测。对此，理查德·泰普勒一语道破了职场生活的潜在逻辑：你的工作越出色，你对组织的贡献就越大。他指出，我们每个人其实都做着两项工作，但大多数人只意识到其中一项，即你的手头工作：完成销售目标、减少故障时长、加快完善台账，诸如此类。与之相比，另一项工作则更笼统、更模糊：让组织有效运作。当大家觉得你能够掌控大局，解决关键症结，而不是只关注自己的一亩三分地时，你就已经脱颖而出了。不过，要怎样才能做到呢？答案很简单：读完这本书，然后照做。

作为一名读者，在阅读中我发觉自己对书中的这些法则似乎早有体会，但是，我却没法像作者这样，将它们形诸文字、明白阐释。我曾负责英国广播公司的员工升职面谈，不知怎么，对绝大多数候选人，我都觉得他们不是高管的材料。原因是什么呢？因为他们的穿着？因为他们的步态？抑或因为他们的言谈？或许多多少少都与这些有点关联吧，但最重要的是他们的态度，他们的思维框架，这会直接影响他们作为候选人的其他因素，决定他们是否能领先一步。

这些被访谈者大多会强调自己在目前的职位上表现如何出色，这其实毫无必要：我们当然了解他们目前的情况，不然也不会向他们伸出橄榄枝。过往的履历是他们来这儿面试的一张入场券，而到了这里还一直抱着这些不放就有些不合时宜了。让我惊讶的是，他们中很少有人会认真思考自己在未来职位上可能会遇到的问题，毕竟这与他们手头的工作相去甚远，更别提那些涉及公司宏观发展的大题目了。所有那些无法成为高管的候选人都不曾留意到本书中的法则。

美国管理大师、现代管理学之父彼得·德鲁克对"效率"和"效果"做过清晰的界定：所谓"效率"，就是把事情做对；所谓"效果"，则是做对的事情。你的上司会教你怎样把事情做对，但你必须自己弄清楚哪些是对的事情。这意味着跳出组织的局限，放眼全局，要了解外面世界的需求，了解它们的变化，认真思考组织该如何运作，才能继续生存繁荣。

我还记得采访过两位大企业的执行总裁，他们当年是从几百位甫出校门、雄心勃勃的大学毕业生中逐层打拼上来的。我问他们，为什么最后走到行业顶端的人是他们而不是其他人。其中一位告诉我他也不知道原因，但他知道自己待过的每个职位在他离职之后都会被撤除。另一位也回答不出这个问题，只能告诉我他所做的每项工作都没有先例，都是由他而起。这两位都是专注于"做对的事情"的绝佳典范，即便在助理或中层阶段，他们也会像总裁一样思考。我毫不怀疑，他们的言行与本书的其他法则也高度契合，无论说话还是做事，都指向一个更高的职业平台。正如理查德·泰普勒所言——他们在组织上下深受欢迎爱戴。如果你身边的同事都垂头丧气、心怀怨愤，你永远也没法成为一位成功的总裁。

《极简工作法则》首先是一本职业经理人指南，为那些想要晋升却苦无出路的人打开新世界的大门。同时，它也适用于组织本身，因为组织最大的弊端是僵化，是被内部事务、体制和流程所困，与外面的世界逐渐割裂。如果人人都一味追求"效率"而不顾"效果"——换言之，如果大家都无视这些法则——那么组织的弊端就会更加暴露无遗。

安东尼·杰伊爵士（Sir Antony Jay）

政治情景喜剧《是，大臣》及《是，首相》编剧

视觉艺术公司创始人

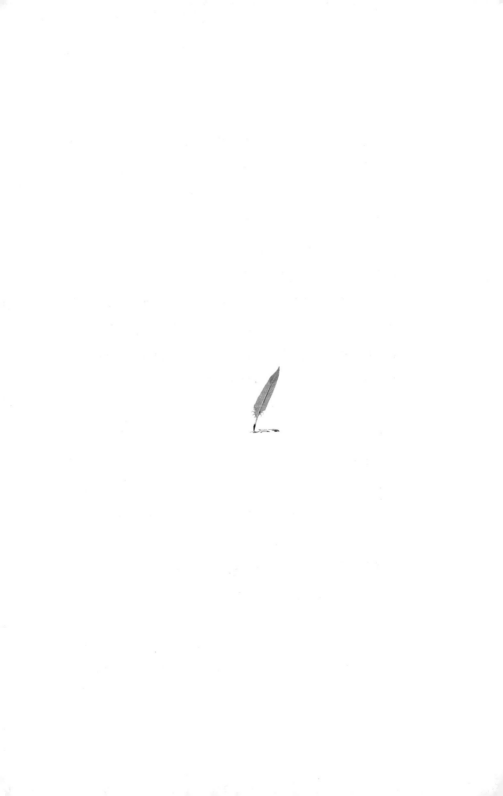

自序

2002 年，我开始着手《极简工作法则》的写作，当时没有想过一定要做成什么样，只是感觉这是个不错的点子：将那些工作中要多年才能领悟的"潜规则"逐次列出，让大家少走弯路。这些年我一直在观察那些成功人士，看他们在职场如何穿越重重障碍，一路攀爬晋升。我凭记忆检取，梳理出他们制胜的诀窍。我想读者需要的，就是每个问题上两三页的清晰阐释。

那时我完全没料到这本书会让这么多读者喜欢，它流行的速度远超我的想象，最后甚至成为全球畅销书。《极简工作法则》收到的良好反馈鼓舞了我，我决定继续和大家分享我在财富、管理、人生、爱情，还有为人父母方面的心得，这些书同样也反响热烈。就这样我们一路走来，如今，数以百万计的读者手边都放着一本或是一整套我的教战法则。这套书被译成各国语言出版，其中有些语种我都从未听说过。事实证明，相比于枯索的真相，将那些真正重要的方法提炼出来供人参考，更能使大众受益。

　　我又从何而知呢？是读者告诉我的。这也是法则系列写作过程中的乐趣之一，即读者的反馈。他们会发表评论、提出建议、帮我出主意、和我分享逸闻，甚至向我悔悟坦白。当然也会有批评的声音，这一样让我受益。有太多人告诉我这些书对他们意义非凡。这也是整件事最棒的部分：发现人们的生命因你而变得更好。我要向所有改变了自己人生的勇士们脱帽致敬，因为这件事真的是知易行难。不过我很乐意告诉你，我的书似乎吸引了一大群这样的读者（哈，我知道这么说太像谄媚，但这碰巧就是事实）。

　　我要感谢那些让这一切成为可能的朋友——你们懂的。感谢迈克，这位独具慧眼的出版人给了我信心。最后，我要向那些不计时间和辛苦，与我分享自己故事的读者致以我最诚挚的谢意。

　　数年来，尽管我定期回阅，但并没有对这些法则做过太多改动，因为它们原本就是智慧的淬炼，已经经历数十年的检验，也经得起以后若干年的检验。我也期待在以后的日子里，我的读者能发掘出自己的人生法则，反馈给我。如果你愿意加入我们，将你的人生法则发布在我的 Facebook 个人主页上，我再乐意不过。

　　感谢阅读。

许多年前，当我还是个小助理的时候，我就开始构思这本《极简工作法则》了。那时公司刚好有个经理的空缺。公司有两位候选人够格，罗布和我。我的履历更漂亮，经验多，业务精，熟悉这块工作，很多同事都愿意我去接手。坦白说，罗布压根没什么看点。

那天我和公司的一位外聘顾问聊天，问他觉得我胜算如何。"很渺茫。"他回答道。我颇有些愤愤，和他解释了一大通：经验、专业度，还有我的辉煌业绩，等等。"都对"，他看看我说："可是你走路没有经理的范儿。""那罗布就有？""没错，他有那个派头。"他言中了，罗布获得晋升，而我则被迫做了这个蠢材的下属，就因为他走路有经理的派头。后来我用心琢磨了一阵儿他的步法。

这位顾问其实说到了点上：确实有所谓的"经理范儿"。我开始留心每一个岗位上的每位雇员，看他们每个人走路的样子。果然，前台接待走起路来有他们自己的范儿，出纳是一种，餐厅服务生又是一种，从办公室文员、行政人员、安保人员再到经理，人人都不一样。于是，我走路时开始秘密演练起"经理范儿"。

找准定位

在花了相当长的时间研究怎么走路之后，我意识到，所谓的"经理范儿"还包括经理的衣着、品位、谈吐和举止。单单工作优秀、经验丰富还远远不够，我必须看起来就比周围的人强。我不单要学走路，还要大变身。观察久了，我又渐渐发现：读哪份报纸、用哪款钢笔、怎样书写、怎样和同事交谈、怎样在会议上发言，都有讲究。事实上，你的一切细节都会被审视、衡量、掂度。仅仅能把工作做好是不够的，如果你想往上走，你必须看上去就是"对的那一型"。这本《极简工作法则》就是教你怎样把自己打造成这类人的，当然，你首先得把工作做好。不过，能干活的人有一大把，你凭什么脱颖而出？又凭什么成为晋升的最佳人选呢？如何才能与众不同？

先人一步

我注意到在那些经理人当中，有些人对"经理范儿"已经驾轻就熟，还有一些已经下意识地践行起下一个目标——总经理范儿。

因为工作的原因，我当时碰巧需要常常往返于不同的分公司之间，有机会见到各位总经理，不难看出，他们中有些会在这个位置上待很久，有些已经在为下一步做准备——成为区域总监。当然，那就得有总监的步法、风度和形象了。

于是我及时转变目标，从演练自己的经理范儿升级为向总经理看齐。三个月后，我从助理的职位直接升任总经理。现在，我是那个蠢材的主管了。

言行如一

罗布确实有经理的派头（法则 18：打造引人瞩目的风格），可惜他没能恪守最重要的法则——他没法胜任自己的工作。他相貌堂堂，声势非凡，可他触犯了底线——工作起来不够格。我被空降做他的顶头上司，是因为公司不能去解雇一个刚刚提拔的员工（那样太难看了），所以急需一个人监督他的工作，及时收拾他的烂摊子。就这样，罗布在自己力所不及的职位上不咸不淡地待了好几年，依旧相貌堂堂、步履威严。最后他决定把一切推倒重来，转行去开餐馆。这件事很快就宣告失败，因为他忘记了"法则 2：永不安于现状"。或许他压根就没明白这句话。做餐厅老板的时候，他走起路来还是像个经理，而顾客们并不买他的账。

通过演练总经理的步法派头，我得到了晋升的机会，但我最终能站稳脚跟，还是因为我花了极大的精力去把工作做好——谨记法则 1。最开始面对这个位置，我当然觉得力不从心，我不仅要迅速适应眼前的新角色、新职责，还要熟悉下一级岗位，毕竟我并未真正做过经理。虽然只代行过经理的相关职责，现在却摇身一变，成了管辖经理的领导，稍有不慎就容易被当众打脸。

别让人家看到你的努力

现在，我一心一意地践行着书中法则，只有一点诀窍：秘密练习。我利用每一秒业余时间（不管是午休、晚间，还是周末）去学习一切我觉得于己有益的东西，但我不告诉任何人——参见法则 13。

很快，我掌握了足够多的知识，能够胜任我当下的职位，而《极简工作法则》这本小书也有了雏形。

制订计划

做总经理的日子苦乐参半。我要多付出一半的劳动，薪水却只多出两成。下一步似乎理所当然是区域总监，可我一点兴趣也没有，不过就是更加繁重的工作压上来，收入却不成正比。于是我开始制订计划（参见法则 24~34）。我下一站想去哪儿？我究竟想做什么？我已经厌倦了整日困在办公室里，开那些没完没了的、冗长的例会，更讨厌去总部浪费时间。这里不适合我。我想重新找回工作的乐趣，我想要实践那些法则，于是我开始为自己拟订计划。

当时公司缺少的是一个可以四处排忧解难的"超级救火员"——一个类似于总经理监理之类的人才。于是我开始将

"法则4：建立自身优势"付诸实践。我建议董事长让人拟一份提案。我从没表示过自己想要这份工作，但一切进展完全如我所愿，我得到了这个职位，成为一位逍遥派总经理，直接对董事长负责，并且由我自己拟定工作职责。至于报酬嘛，比当时在任的区域总监们都要高得多，不过他们并不知情，我也绝不会泄露（参见法则45~57），我还要争取他们的友谊和支持。很显然我没有觊觎他们的位置，所以我从来不构成威胁。相反，如果他们知道我的薪水，可能会有点眼馋，可他们应该并不稀罕我为自己开凿的这一亩三分地。

顺利就任后，我既没有冷脸要诈，也没有伤了同事和气。相反，我一直相当圆融地同这些总经理们打交道。即便有时候不得不削减他们的权职，我也是客客气气。为此我在书中额外加了一篇"不说好话就闭嘴"，也可参见"讲求策略"一篇中的法则76~84。

《极简工作法则》终于成型定稿，接下来的几年里，我见证了这本书逐步成长，不断完善，日趋成熟，而我也离开公司，创立了自己的咨询机构。依据这本法则，我培训了一大批经理人，看着他们投身职场，用自己的魅力、素养、自信和权威改写了命运。

不过我还是听到许多疑问：这些法则如何奏效？你是在教我们阴损手段吗？当然不是，你不用让别人做任何事，只需让自己改变成长。

- 我需要变成别人吗？不，或许你需要稍稍修正一下自己的行为举止，但绝非性格和价值观，你还是原来的你，只不过是一个更灵活、更敏捷、更成功的你。

- 这些法则很难学吗？不，你完全能在一两周内学完，但要真正掌握它们确实需要一段时间。不过我们始终都在学习，即便践行一条法则也比没有要好。

- 很容易发觉其他人在演练这些法则吗？是，有时候会。不过真正厉害的法则践行者永远不会让你发觉他们在做什么：他们早已驾轻就熟。不过一旦你也成为其中一员，确实会更容易看出大家在哪些情况下践行哪些法则。

- 我能马上看到成效吗？当然，要打赌吗？立竿见影。

- 我需要时时演练吗？首先，我压根就不会承认我在练习，我可是专业的法则践行者。

- 依照法则行事道德吗？当然。你又没做坏事，不过是发现了自己本身的才华和技能，并且自觉加以运用而已。自觉，这也是理解本书法则的关键所在。你的一切行动都必须经过预先筹划（当然你会有自发行为，这也是筹划中的一部分），但面对任何情形，你都得是个自觉的掌控者，而不是被动的牺牲品。你得时刻清醒，保持警觉，活在当下，善用自己的技能。底线是你得做好自己的工作，并且做到出类拔萃。职场法则不适用于强盗混混，也不适用于那些装腔作势、吹牛扯谎或是内心戏太多的人。你觉得自己工作已经很努力了？可距离成功践行法则，你还有很长的距离，这的确需要付出努力。

让我们面对现实吧：你喜欢工作，也乐在其中。如果你对这些法则感兴趣，如果你还想继续前行，一路晋升，你就得努力。我的建议是，你要自觉地思考当前工作的方方面面并做出改变。你需要改善以下两点：

- 你做事的方式；
- 别人对你工作的认知。

如果你不去演练书中的法则，你就会得过且过、虚度光阴，或许也会在某天偶然发现自己一直追寻的目标。或许你已经凭自己的本能和直觉通晓了大部分法则并付诸实践，而现在我们要做的就是自觉运用。你的收效包括以下几点：

- 升职；
- 与同事相处更加融洽；
- 自我感觉更好；
- 更享受工作；
- 更了解工作；
- 更能了解老板的意图；
- 更以自己和工作为傲；
- 成为下属的榜样；

- 为公司做出更大贡献；

- 赢得认可和尊敬；

- 营造身边友善合作的氛围；

- 为未来成功开创事业版图。

这些法则简单有效，安全可行。只需十步，你就能建立自信，迎接一个崭新的强大自我。整个过程在道德上无可指责，你不用勉强自己做任何事——己所不欲，勿施于人。这些法则会强化你的个人标准，提升你的个人原则。这是我送你的礼物，专属于你，你得秘密收藏，妥善安放。

第一篇

言行如一

　　本篇法则是其他所有法则的基础——了解你的工作，比其他任何人都更胜任这份工作。就这么简单。但秘诀在于，你必须确保没有人知道你为此所付出的努力。你所有的学习都在私下进行——决不能泄露，不能让任何人知道——永远别告诉其他人你读过这本书，它是你的"秘密武器"。有一点很重要，你必须看起来十分沉稳高效，一切尽在掌控。你能轻松自如地处理好日常的工作。你从容不迫，势不可当。但这一切的前提是，你必须非常擅长自己的本职工作。

法则 1
让你的工作引人瞩目

在紧张忙碌的办公室里，你的工作很容易遭到忽视。焦头烂额之际，你很难再投注更多的精力去提升个人的状态和影响力。但这其实至关重要：你必须打造个人品牌，这样才能脱颖而出，让人们看到你身上的升职潜力。

最佳的策略就是：跳脱日常工作事务。假如你每天都沉溺在大量的细琐工作中——就像大家都做的那样——那么你干得再多也难有助益。但如果你向上司递交一份报告，阐述怎样才能让大家更有效率地处理这些细琐工作，你就会显得与众不同。主动递交报告是从人群中脱颖而出的一个绝佳小窍门，表明你思维敏捷又积极进取。但这招绝不能滥用过度，假如你隔三差五就去找上司递交报告，那你得到的只会是"白眼"而绝非赏识。记住以下几点原则：

- 主动递交报告只能偶尔为之；
- 必须确保报告内的建议行之有效，即能为公司带来效益；
- 确保你的名字出现在醒目的位置上；
- 确保除了你的上司之外，上司的上司也能看到你的报告；
- 形式不重要，可以是一份报告，也可以是一篇刊登在公司简报上的文章。

当然，让大家注意到你努力工作的最佳途径，就是把工作做得极为出色。而要达到这一点，只有心无旁骛、全心投入。职场上充斥着美其名曰工作的办公室政治、八卦闲谈、微末伎俩、光阴虚耗和社交应酬，那些都不算工作。当你专注于你的目标时，你其实已经遥遥领先于你的同事们一大截了。职场法则的践行者们总能专心致志、出色地完成手头工作，绝不分心。

主动递交报告是从人群中脱颖而出
的一个绝佳小窍门。

RULE 2

法则 2
永不安于现状

絶大多数人每天上班的时候只有一个想法：熬到下班，然后回家。每一天他们都浑然度日，直到下班这一神奇时刻到来。但你不同，你绝不安于现状。对于大部分人，有一份工作就已心满意足，所以他们欣然接受一切安排，很容易裹足不前。但对你而言，工作并不是最终目标，而只是达成目标的途径。你的目标是晋升和加薪，是不断地取得成功和超越，不断地积累资源和经验，去开拓自己的事业，实现自己人生的"愿望清单"。从某种意义上说，工作反倒无关紧要。

当然你还是必须工作，并且还得工作得极为出色，但你的目光必须瞄准下一个阶段。你在工作中投入过的每项行动，都是你前进计划中的一个齿轮。

当其他人还在关心接下来的下午茶，或是盘算怎样浑水摸鱼地打发下午的时光时，你正忙于策划执行你的下一步策略。理想状态下，一位法则践行者会在午休前完成一天的所有工作，然后空出整个下午来谋划下一次晋升：他要评估同事中的竞争对手，起草一份能引起上司关注的自发报告，研究如何提升每个人的工作效率，还要充实知识储备，深入了解公司的流程和历史。

如果你没办法在午休前完成全天的工作，你就得学会把上述事宜穿插在日常的工作中。长此以往，你的竞争力就会在不知不觉中得到提升。你绝不安于现状。别人可以满足于完成手头的工作，但你不能。你要一直不断地去谋划、钻研、分析和学习，不断地进步。

我们之前谈到过经理人的走路派头，唔，这也是你该做的事情：演练经理人，或者任何其他目标对象的步态。你得将晋升或者其他任何目标视作一种常态。"滚石不生苔"，所以你必须一直前进。你必须时时推进，否则就会停滞不前；你必须渴望成功，不然就会碌碌无为。

只要你对成功还怀有憧憬，就绝不该坐安现状、得过且过。记住，永远不要安于现状。

理想状态下，法则践行者会在午休前完成一天的所有工作，空出整个下午。

法则 3
主动请缨需谨慎

许多人认为，只要他们对每件事都回答"好的"，他们就能得到重视、奖赏甚至晋升，但事实并非如此。精明的经理人会充分利用这种"放着我来"的心态，最终的结果就是，你永远都有做不完的工作，但你的价值却被轻视，甚至会有人欺负到你头上。因此，在你主动提出承揽某项工作之前，请务必三思。你必须将以下这些问题考虑清楚。

- 为什么这个人要寻求别人的帮助？
- 主动承揽这项工作对我的升职是否有益？
- 如果我主动站出来，高层主管会怎么看我？
- 如果我没有主动站出来，他们又会怎么看我？
- 这是不是一件没人肯干的苦差事？
- 这个人是否真的已经超负荷工作，所以亟需他人协助？

假如这是一件无人肯干的苦差事，那么，主动请缨的你可能会给高管留下好印象：你能直面挑战，发挥才干，并随时准备好卷起袖子大干一场。但另一方面，你也可能会被他们看作傻瓜。如果你主动要求整理档案，他们就会把你当成一个小档案员；如果你在同事焦头烂额之际主动伸出援手，你就有可能

为自己赢得一个好名声。情形不同，结果就会大不一样，所以
务必谨慎选择主动请缨的时机。假如主动担任某项工作会招来
他人嘲笑，那你就不必非要打肿脸充胖子。只有当你十分确信
这样做能为你的形象加分，能够带来回报，或是能切实帮助到
身处困境的同事时，你才踏出这一步。

还要注意的是，有时候即使你并未举手迈步，也会被人当
作在主动请缨。打个比方，你的同事们都在集体往后退，把你
留在当下，那么不管你是否有意，你都被推向了最前线。如果
你是第一次遇到这种情况，你必须咬牙坚持，努力将工作完
成，但一定要确保这是最后一次，因为法则践行者绝不该在同
一个地方跌倒两次。下次切记要察言观色、耳听八方，如果同
事们都往后退，你也跟着他们一起退。

在你主动提出承揽某项工作之前，
请务必三思。

法则 4
建立自身优势

　　我曾经与一位叫迈克的同事共事，他拥有一项过人的才能，能够发掘众多我们无从得知的客户信息。例如，他似乎知道所有客户的孩子叫什么，他们本人、他们的配偶爱去哪里度假或过生日，他们最喜欢什么音乐、最喜欢哪家餐厅。于是在约谈重要客户之前，你自然要恭恭敬敬地去问迈克，看看他能不能给你提供一点宝贵的资源，帮你拉近与客户的关系。这就是迈克的优势所在。从来没人要求他做一本行走的百科全书，将客户的好恶谙熟于心，这和他的工作也并不沾边。要做到这一点，需要付出大量的劳动和许多不为人知的努力，但这项才能的价值非凡。没过多久，区域总经理就听闻了迈克过人的勤奋，此后迈克便大步流星、平步青云，成为公司有史以来升职最快的员工。这就是成功所需的"全部"。但在这个"全部"背后，隐含着无数的努力和超凡的智慧。

　　建立优势，意味着你要去发掘一项尚未被其他人留意的才能。它可以很简单，如整理表格或是撰写报告，也可以特别一点，如像迈克那样洞悉他人无法知晓的资讯，还可以是通晓公司日程、掌握财务预算或者熟知内部体系。但是切记，别让这项才能影响到了你的本职工作，否则这条法则就会适得其反。

建立优势，可以帮助你摆脱日常的办公事务。你可以离开自己的办公室四处走动，并且无须向别人解释你的去向和手头工作。它能令你脱颖而出，让你获得工作的自主权和更优渥的条件。我曾主动请缨去编辑公司的内部时讯——牢记上一条法则——这让我得以在七家分公司之间自由出入。当然，我总会确保自己按时、出色地完成本职工作。

建立优势，意味着除了你的上司之外，你还能获得更多人的注意——其他人的上司。当这些上司们一起聊天，偶尔提到你的名字时，聊到的总是些良性信息："我发现理查德最近在忙着做一些很有想法的市场分析"。这样如果你的上司想获得同侪的认同，他就很难不提拔你。当其他上司都认为你的见解不错时，你的上司也只能随声附和了。

> 当其他上司都认为你的见解不错时，
> 你的上司也只能随声附和了。

法则 5
承诺留余地，完成超预期

　　假如你觉得周三之前可以完成某项工作，就和老板说要到周五；假如这项工作得花费整个部门一周的时间，你就回复两周；假如还需增派两名人手才能完成新设备的安装和运行，你就要求三名。

　　这并非欺骗，只是谨慎行事。如果被人看破，索性就大方承认，告诉他你习惯于将一些意外因素考量在内。这没什么大不了。

　　但这只是第一部分：承诺留余地。而且，虽然你为自己争取到了宽裕的时间，但并不表示你就可以磨洋工，一直等到最后期限的到来。噢，绝对别干那样的蠢事！你要做到的是：提前、按预算、比原先承诺的更加出色地完成自己的工作。这就是我要说的第二部分：完成超预期。举例来说，如果你承诺在周一之前上交报告，那么首先你周一之前就必须完成，其次你上交的不仅仅是一份报告，还要包括新门店的整套运营规划。又比如，你承诺在周日晚间举办一场大型展示会，并且只有两名额外人手可用，你就得说到做到——届时还得将你的主要竞争者挤出这次展览。再比如，你承诺在下次会议上给出公司新一季宣传册的大致方案，那么除了准时交稿之外，你还要呈上一份全彩排版的样册、外加校对好的完整文案、拍摄的所有照片以及发行所需的印刷成本和报价明细。当然你得十分小心，千万不要逾矩或越权行事。但我想表达的意思相信你已经了解。

再次提醒，行事切忌张扬，别让老板从一开始就有所期待——这应该是个惊喜，而不是老调重弹。

有时候装聋作哑也是个办法。你可以假装对某项新技术或者新应用知之甚少，实际却了如指掌。这样当大家都对着电子报表一筹莫展时，你却能挺身而出完成全部预算，自然大放光彩。反之，假如你一开始就说"哦，没错，我知道这个，我在上一份工作中用到过电子报表"，那么你的表现就毫无惊喜可言，因为你主动放弃了手中的筹码以及你的优势。

在做到"承诺留余地，完成超预期"之前，作为一名法则践行者，你需要严格恪守的底线是：绝不拖延或潦草敷衍。如果为了完成某项工作，需要你倾尽全力、通宵达旦，那你就这么做吧！一旦你许下承诺，你就得确保如期完成——如果可以就提前完成——绝不食言。从一开始就为自己争取更宽裕的时间，总比到最后让上级失望要来得好。很多人为了博得上级的欣赏、赞同和褒奖，会对时限要求一口答应，"好的，绝对没问题"，结果又做不到。他们不但是一开始的"软柿子"，还是到头来的"蜡枪头"。

> 绝不拖延或潦草敷衍。

法则 6
学会问为什么

如果你不具备大局观，你就无法为公司作出最有力的贡献。或许你是这部庞大机器中一枚十分重要的螺丝钉，但假如你无法退而远观，从而发现整部机器的功能和作用，那么你最多也只是一枚螺丝钉而已。另外，如果你只把视野局限在自己的岗位或与之密切关联的"一亩三分地"上时，你就真的被牢牢地禁锢在你的现有角色里了。

但你有更大的雄心，想在公司中担任更重要的职责，不是吗？这是当然！别忘了你是个法则践行者。你渴望成长和发展，从而为公司作出更大的贡献。要做到这一点并且能够被视作合适的人选，你就需要知道整个公司的目标和驱动力是什么。

其中一个方法就是提问。当你的老板向你简单交代一项新的任务或者项目时，你可以询问它在公司整体规划中的位置。为什么你们的销售方式转向了电话营销？是因为整个市场趋势的变动，还是因为公司想要尝试一些新鲜事物？为什么财务部门被一分为二？是为了更好地服务客户还是为了优化公司内部构架？如此等等。

我并不是让你遇到任何问题都要去找老板一问究竟。诸如"我该用什么颜色的文件夹来配这些粉色的报表"或"我能不能在工作邮件中顺便请个假"这类问题，只会让他们觉得你很烦。我要你关注整个组织的状况，而不仅仅局限于自己的一片天地，要让你的老板看到你有很好的大局意识。

当然了，这样做的目的是让你的老板渐渐意识到你是一个眼观全局的人，能够胜任更高层级的工作，也是一位心系整个公司的忠诚员工。而你也会发现，视野打开之后你能更清晰地认识自己的工作，当你能理解公司的一些新变化、新规定、新业务和新项目背后的原因时，你就会更加积极地投身工作。

> 我要你关注整个组织的状况，而不
> 仅仅局限于自己的一片天地。

RULE 7

法则7
百分之百投入

要成为一名法则践行者，意味着你得比周围的同事更加努力地工作。别人可以磨洋工，你不可以；别人可以跷着二郎腿放松，你也不可以。想要一路前进，你就得百分之百投入工作，每一刻都不能忘记自己的长远目标。对你而言，不存在什么休假，也没有时间消沉或虚度光阴，在追逐目标的旅途中，不容许有丝毫闪失、错误和偏差。

如果这些要求对你而言太苛刻，那么你还是趁早放弃。我希望每个读者都是真正的法则践行者。如果你决心加入这个阵营，你就得歃血为盟。你必须时刻保持清醒、全神贯注、眼观八方、充满热忱、随时待命、谨慎行事、机警敏锐。这些都极难做到。

这样做值得吗？当然。当大家还在职场中盲目摸索时，你已独具慧眼、看清了方向。你会变得强大，更重要的是，你会享受其中。熙熙攘攘的职场中，没有什么比抽离旋涡，保持绝对的客观超然，静待周围的人事发展更让人欣慰的事了。

你会发现，当你学会观察以后，需要自己动手的事情其实并不多。你只须稍加提点，不用生拉硬拽，就能改变别人的做事方式。你的处事技巧也会日臻细腻与温和。

　　但你仍需百分之百地投入工作。如果你试图投机取巧，就可能操之过急，被别人当作傻瓜看待，没办法冷静掌控全局。但全身心投入工作的一大好处是，你不再需要做选择。你非常清楚自己需要什么，因此无论面对何种情况，你只需问问自己"这件事对我践行法则是否有益？"答案就不言自明了。就是如此简单。

> 你必须时刻保持清醒、全神贯注、
> 眼观八方、充满热忱、随时待命、
> 谨慎行事、机警敏锐。

RULE 8

法则 8
从他人的错误中学习

　　聪明的人会从自己的错误中学习，而智慧的人会从他人的错误中学习。法则践行者们都是这么说、也都是这么做的。人人都会犯错，但在职场中，你犯错的次数越少越好。

　　听上去很简单，对吧？但你不能光凭嘴上说，还得付诸行动。也就是说，每当你周围有同事犯错时，你都必须去了解前因后果。你得做好"侦查"工作，但必须格外小心。没有人喜欢被同事盘问究竟犯了什么错误，你还要注意言行，不能因为事不关己就流露出沾沾自喜、得意忘形、好管闲事或居高临下的表情，这是法则践行者的大忌。

　　所以，当你的同事身陷困境时，要想不动声色地了解个中细节，最好的办法就是帮助他们一起改正。毕竟，同事之间并非只有竞争，我们也不希望自己的队友真的把工作搞砸。我们只想从错误中得到经验，而帮助他们进行补救是锁定错误根源的绝佳办法。

　　一旦你发现问题所在，一定要寻根究底找出原因。然后扪心自问，如果换作你，是否也会犯同样的错误？你是否曾经为了赶工就忽视文案的复查？你是否曾在一天工作结束后忘记检查自己的语音信箱？你在谈判中倚仗的数据有没有可能并不准

确？你的工作日志中是否记录过错误的交货日期？假如你曾经
犯过类似错误，那么你就亟需采取一些措施，确保今后不再重
蹈覆辙；否则，再次犯错只是时间早晚的事儿。切记，假如你
犯了和同事先前同样的错误，你的处境只会更糟。

　　随着时间的推移，你会发现面对他人所犯的错误，与其自
鸣得意地表示"我可不会那样"，不如秉持全面了解和探究的
态度，这会令你更加受益。你出错的次数越少，你给老板留下
的印象就会越深。道理就这么简单。

每当你周围有同事犯错时，你都必
须去了解前因后果。

RULE 9

法则 9
享受你的工作

如果你过得不快乐，那人生的意义何在？如果你在自己的工作中无法获得一丝乐趣，那你真没必要继续做下去，还不如靠失业救济金生活。我相信，有很多人都很享受自己的工作，只是他们担心被贴上"工作狂"的标签，所以不愿说出口罢了。

告诉他人你很享受自己的工作，这并没有什么可羞耻的。有的人工作能力糟糕，总是抱怨外部环境，仿佛这么做能得到他人的赞同。在有的办公室里，人们甚至争相比较谁对工作的抱怨更甚。

但你不会这么做。作为一名法则践行者，你很享受自己的工作，并且你要让他人也意识到这一点。当你认识到工作是一件多么有趣的事并且能带给你比别人更多的乐趣时，你会发现自己的步伐变得轻快了，工作压力减小了，行为举止也更加自信了。当你体会到工作的乐趣时，其实你已经掌握了只有职场达人才具备的成功秘诀。工作是快乐的，要把这句话牢刻心底。

愉快地工作和享受工作带来的乐趣并不是一回事。前者表示你可以稀里糊涂地度日，在上班时间吹牛聊天，与同事交际应酬，喝着咖啡打发一整个下午；而后者则意味着你为自己这份工作感到骄傲，乐于接受挑战，积极、热忱地迎接每一天的到来。相信你也同意这两者有本质区别。愉快地工作只是一时的，最初的乐趣会随着新鲜感和兴奋感的消逝而迅速衰退。

享受工作带来的乐趣，意味着享受每一次的谈判过程、每一次的招募和解聘，享受日常的挑战、压力和失落，享受未知的未来，享受对你勇气的考验，享受每一次学习的历程。你可能不相信，有相当多的人在退休后的一年内离世，这意味着工作对于我们的重要性远远超过我们的想象。

如果你无法感受到工作带来的乐趣，那么你注定会沦为自怨自艾者中的一员，成为人生的输家。

告诉他人你很享受自己的工作，这
并没有什么可羞耻的。

法则 10
建立正确的态度

在工作中，很多人都会在内心将"我们和他们"区分开来。人们总是倾向与"普通劳动者"站成一线，对"管理者"大肆吐槽。而你需要做的是端正态度，拒绝和这些人为伍。无论你现在身居何职，你都应该将自己视为下一任部门主管、下一位总经理、下一届董事会主席。你要学会如何通过"他们"的视角，全面地看待一件事。你不必声张这种想法，在某些公开场合，你也许还得和工友同事们站在一边。但在内心深处，你明白你的立场与"他们"一致。务必记住，同事们也许对公司的管理制度满腹牢骚，而你必须理性分析，学会从"他们"的视角看待问题。有时为了融入集体氛围，你也许还会假意跟着发几句牢骚，但这并不可取。你可以点头附和，但千万别把自己也变得怨天尤人。

正确的态度有两重含义：

- 其一，站在管理者的立场，从他们的角度看待决策；
- 其二，全身心投入工作，尊重规则，并努力做到第一（这才是真正的你）。

正确的态度就是：在工作的每一天，无论身处顺境还是逆境，你都必须全力以赴。

正确的态度就是：即使你已精疲力竭、耐心耗尽，甚至准备放弃，仍愿意多付出一分。其他人可以选择放弃，但你不能，因为你是法则践行者。

正确的态度就是：保持斗志，从不抱怨，永远积极向上，永远精益求精。

正确的态度就是：制定出一套行为准则，并严格恪守。清楚自己的底线，知道何时该奋起反击。

正确的态度就是：明了自身具备的巨大潜力，并善意、节制、周全地付诸实践。不诽谤诬陷，不残酷无情，不玩弄权术。不错，你或许利用了他人倦怠冷漠的错误态度，但这是他们自己的问题。你要将自己置于道德的制高点，无可指责。

正确的态度就是：优秀而果断，善意而敏锐，周到而卓越。

> 将自己置于道德的制高点，
> 无可指责。

法则 11
怀抱热情但别过度劳累

　　我希望你对自己的工作充满热情。无论你对工作的满足感是来源于你的同事、你的成就感、你对自己事业的坚定信念，还是来源于你所获得的肯定、收入或其他什么，我都希望你能从工作中有所收获，从而对它充满热情。

　　但千万别错误地以为，这份热情必须通过长时间的工作和不间断的考验去证明。热情工作并不等于在办公室长久熬夜。你的积极和热情会在日常工作中自然显露出来。我相信你的老板会发现并认可你的态度，这与你工作时间的长短无关。

　　不必为了表现你对工作的热情而把自己弄得精疲力尽。事实上，如果一份工作慢慢榨干了你的精力，那么你对它的热情也难以持久。重要的是你在工作中取得的成就，而不是为了这项成就所花费的时间。你可能会说，如果一个人真的热爱自己的工作，就应该能在更短的时间内取得和别人同样的成就。好吧，不过这并不表示你可以在下午两三点就收工回家，只能说即便你同大家一样在五点半钟下班，你的热情也能支撑你在这之前一直保持高效。

　　保持工作热情常常被看作一项好品质，但它的重点在于去关心自己究竟有没有把工作做好。相比于你的工作方式，你在工作时的感受更为重要。所以,你不必通过长时间的工作去证明你的热情,何况这根本无法证明,因为你可能每天工作 16 个小时,但还是会对自己的工作提不起一点兴趣。这种生活相当可悲,但我知道有人就是这么生活着。

所以,你要培养起对工作的热情。假如你现在还没有,那么试着换个角度看待自己的工作,调动起自己的情绪,找到可以激发热情的方式,再在工作中将它创造出来。我知道这并不容易。对某些人而言,这会是一生的求索。但有一点我能肯定,假如你从未尝试探寻,那么你也永远无法找到。

> 相比于你的工作方式,你在工作时的感受更为重要。

法则 12
管理精力

相信每个人都听说过时间管理。我希望你很擅长管理自己的时间，并能不断提升自己的时间管理能力。我们总觉得，我们其实可以把时间管理得更好。如果我们工作得更有效率，我们所能取得的成就就更大，留给自己的时间就更多。

但精力管理的概念却少有人提及，我不知道个中原因，因为精力是我们体内最重要的资源之一，而且它不会自行管理。工作时需要耗费大量的精力，你必须确保把精力都用在最需要的地方。

首先是对自己体力的管理。保持身体健康，如果第二天还有工作，晚上就别太劳累。为了孩子第二天上课有精神，我们会早早地把他们赶上床去。同样，你也不应熬夜、暴饮暴食、喝酒、过度劳累、不吃早餐等，以确保自己在第二天的工作中有充沛的体力。

其次是精神的管理。你在一天中的哪个时段工作状态最佳？是饱餐过后还是半饱状态？你在什么样的环境下效率最高：安静的、繁忙的、高压的、嘈杂的，还是轻松的？人各有异，我们也许无法掌控每天的工作，但至少可以把那些需要注意力高度集中的事情安排在自己效率最高的时段处理。

再次是情绪的管理。如果你的家庭生活不幸福，你必须想办法在早上出门前调整情绪、振作精神，避免影响一天的工作（"法则 14：工作家庭分两边"）。假如你带着情绪工作，你就得找到有效的解决方法，把自己的能量调动起来，可以利用午休时间跑个步，忘掉让你心烦的人，或者找你的老板谈谈心。

最后，你的精神需要空间舒展，才能重新充满活力。有些人会在工作之外进行休整，也有些人需要在工作中才能体会到强烈的自我价值。只有你自己才知道你的满足感来自何方，但切记，千万别让工作过分束缚了你的精神；否则，无论你还是你的工作都会备受牵连。

你必须确保把精力都用在最需要的地方。

法则 13
别让他人看到你在埋头苦干

看看那些像理查德·布兰森（Richard Branson）那样的人，他们好像整天都在玩乐，乘着热气球，坐在改装过的游艇里，三天两头往美国飞。你从没见过他正经坐在办公桌前接听客户来电或处理文案。不过有时候职责所迫，他确实也得做一些，只是我们没看到罢了。在我们的印象里，他就是一位商界的花花公子、乐天知命的企业家，也是个魅力非凡的大明星。这样的形象完美至极，人们都乐意和他相处。为什么不呢？

这就是一个有志向的法则践行者应该建立的形象：斯文有礼、平易亲和、从容不迫、井井有条、运筹帷幄、沉着冷静。你绝不会匆忙惊慌，也不会让人感觉仓促。不错，你可能每天都通宵达旦，但你绝不会主动承认；你可能整个假期和周末都在埋头加班，但你永远也不会透露给他人知道，更不会因此牢骚满腹。在外人眼中，你永远轻松自如、举重若轻，一切都尽在掌握。

显然，要想达到上述境界，你必须对自己的工作驾轻就熟，否则这条法则就不适用于你。那么，如果你并不擅长你的工作，你该怎么办？答案只有挑灯夜战，通过不断地学习、研究、积累经验和知识、广泛阅读、求教、改进、刻苦钻研，直到你对自己的工作了如指掌。只有这样，你才能看上去从容自若。

践行这条法则时，还有几点需要注意：

- 某项工作的截止日期一旦确定，就不要申请延展；
- 绝不寻求帮助：不要承认自己的能力不足——你可以寻求他人的指点、建议、信息和意见，但不寻求帮助；
- 绝不因为加班而怨声载道；
- 学会果断一点，这样你就不会有成堆的工作，这不是指不让别人看到你埋头苦干，而是指别超负荷工作；
- 别让他人看到你惊慌失措的样子；
- 积极寻找减轻工作负荷的方法——当然是在不被人注意的情况下——并努力提高工作效率。

> 要想达到上述境界，你必须对自己的工作驾轻就熟。

法则 14
工作家庭分两边

只要是上班时间，你就应该全身心地投入你的工作。如果你上班时满脑子想的都是家里的事，人们会认为你对自己的工作不负责任。如果事实的确如此，那他们就没有看错。

回想一下你曾经的或现在的同事，有谁经常唠叨自己的家人或家里面的琐事，抱怨自己的母亲，整日幻想着放假，讨论上回的购物之旅，埋怨接送孩子时的糟糕交通，或和你聊起他们的圣诞计划？这些人中，你觉得有几个对工作充满了热情和责任感？也许一个都没有。

你不必对自己的家庭生活讳莫如深，以至于你的同事都不知道你有孩子，或者你的母亲住院了，或者你爱好钓鱼。但在上班时间，你应该将自己的家庭生活搁在一旁，把注意力放在工作上。只有这样，你才能在最短的时间内以最高的效率完成任务。只有这样，你的上级，还有你上级的上级，才会将你视作一名全心投入而且热情饱满的员工。只有这样，你才会更加热爱自己的工作并享受其中。心无旁骛才能让你体会到工作中的乐趣。

你无须将自己的私人生活告诉同事。当然，你可能需要一个倾诉的出口，找几个朋友聊聊天，这无可厚非，但别在上班时间做这些事。如果同事中有你的好朋友，你大可以在下班后找他们一块去喝一杯。

每个人都会遇到家里的烦心事，如父母生病、孩子在学校里惹了麻烦、邻居太恼人、贷款压力大，或讨嫌的弟媳要来家里过周末。但你的同事不需要听你唠叨这些。对不起，事实就是如此。我并非没有同情心，但无论是在时间上还是地点上，这都是一个错误的选择。

当然，我知道生活中有时会发生一些大事，难免会影响我们的工作，像离婚或亲人离世这样的特殊时刻。这种情况下，你无需再有所隐瞒，你应该让上级知道为何最近几天或几周，你在工作上有些力不从心。只要你已尽力而为，并且平时已经攒下了"专心做事，不把私人生活带进工作"的美誉，那么周围的人都会给予你深切的理解和同情。

心无旁骛才能让你体会到工作中的乐趣。

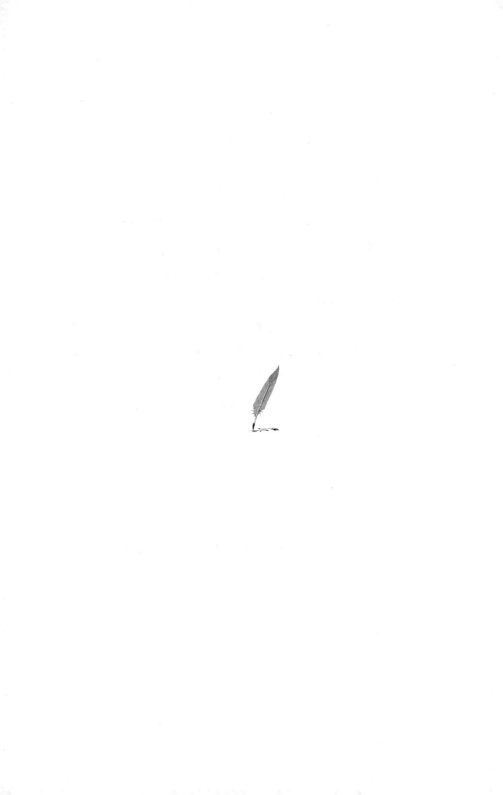

第二篇

你永远在被评价

　　我们的一切都是别人口中的谈资。我们的穿着、我们开什么样的车、我们去哪里度假、我们的言谈举止，甚至我们中午吃了什么，这一切都是别人借以评价我们的话题。

　　本篇是关于如何确保别人对你的评价都是正面的，并以此促进你的职业发展。假如你从未思考过这个问题，那么这些法则会帮助你重新认识自身散发的信息，并教会你如何改进才能引起注意。你无法阻止人们的评价，但你可以有意识地加以引导和改变。这些法则会让你更有型、更自信、更具格调、更优雅得体、更讨人喜欢。

法则 15
学会微笑

还记得吉卜林（Kipling）的那首诗吗？"如果周围的人毫无理性地向你发难，你仍能镇定自若保持冷静……"那么，如何才能让别人知道你依然保持冷静呢？很简单，就是微笑。无论面对何种情况，保持你的微笑。早上遇到同事时，以微笑向他们致意；握手的时候要保持微笑；遇到挫折的时候也要微笑着面对。总之，无论面对何种情况，保持你的微笑。

到底该怎么笑呢？要笑得亲切而真诚——要让笑容绽放到眼神——真挚、坦率、诚恳、开朗、快乐。要想拥有这样的笑容，最简单的方法就是源自真心。你装不出这样的笑容，因为一眼就会被人识破。内心真诚才能表现得真诚。你必须发自内心地感到快乐和愉悦，否则你的笑容就会显得虚伪而刻意。如果你做不到这一点，那不如早点收起你的假笑，走得远远的。

假设你的笑容出自真心，也足够诚挚友善，那么接下来，你就可以考虑如何改进你的微笑，通过反复演练让它更加迷人，不过前提还是要发自内心。我们先假设这个前提已经成立。

对着镜子笑笑看，你很可能觉得自己的笑容不太对劲。这很正常。你在镜子里只能看到自己的正面，照片也不行，这些都是平面二维的呈现方式，表情中的很多信息都无法传达出来。你需要从三维立体的角度全面观察自己的笑容，那就只剩一种办法了——拍摄视频。

如果你不好意思找一个搭档或是朋友来帮你拍摄，那你就只能自拍了。但千万别闹出和我一样的笑话。在我还是财务经理时，有次被派到一家超市去替经理的下午班。店里基本没人，所以整个下午我都愉快地对着超市里的闭路电视练习走路的架势、微笑和仪容仪表，还时不时地走回办公室看回放，以便将不满意的地方找出来改进。我玩得很开心。几周之后，我受邀去观看一场为全体员工准备的特别表演。没错，我当时忘了洗掉录像，而那位超市经理——愿上帝保佑他——发现了这些带子，于是拿来放给大家观赏。我被迫和大家坐在一起从头看到尾，而我的朋友们都乐不可支，对着画面评头论足，还时不时挑我的毛病。那滋味我永生难忘。

最后，在练习微笑的时候，不要笑得龇牙咧嘴，你只需适度露出几颗牙齿，让自己显得真诚而愉悦即可。继续练习，直到自己满意为止。

内心真诚才能表现得真诚。

法则 16
掌握完美握手——坚实有力

我们经常要和别人握手，但通常都是无意识地随意一握。你有没有算过每周大概要和多少人握手？你是否思考过握手的重要性？这简短的一握其实可以传递很多信息，所以你应该借此传达出你的自信、可靠和可被信赖。当你和别人握手的时候，你要让对方感受到你的力量、信心、热情和沉着——一个真正的你。如果你对自己的握手方式还存在疑问，那就找个朋友来告诉你。

如何改进握手的方式？一定要坚实有力。你可以借助另一只手来感受力度，充分练习。但别用力过猛，让人觉得手指都快要被你捏碎。

你可以打造自己独特的握手风格，让别人印象深刻。我祖父的握手方式堪称一绝，他只用两根手指（食指和拇指）握手，但握得异常坚定，让你觉得仿佛在和皇室成员握手。

握手是一项传统而正式的礼节。你得忘掉击掌致意，忘掉共济会的秘密握手礼，忘掉一切带有黑帮印记的招呼方式。坚持传统的握手方式，你会给人留下自信权威的印象。

会握手的人通常会主动伸出手，力度节奏都刚刚好。他们还会在伸手的同时报上姓名，显得热情友善、随和自信，又散发出一种坚定的气质。他们也会看着你的眼睛、重复你的姓名。人们都喜欢听别人念出自己的名字，这也有助于强化记忆。

在你介绍自己的姓名之前，记得先说"你好"，这就够了。如果想轻松潮流一点，你也可以说"嗨"——这个随便你。但优秀的法则践行者们都会选择说"你好"，然后依旧很传统地报上自己的全名。千万别用"嗨，我是市场部的大卫"这样的方式招呼，虽然显得愉快又友好，但不会给人留下印象，也无法帮助你获益或建立优势，反而会把你拉低到菜鸟的层次。你最好这样说："你好，我是大卫·辛普森，市场部经理。"这样你立马就脱颖而出，显得比在场的众人都要资深。再加上一个自信有力的握手，一切就尽在掌握了。

> 你得忘掉击掌致意，忘掉共济会的秘密握手礼，忘掉一切带有黑帮印记的招呼方式。

法则 17
散发自信与活力

有一次我应邀去作一场面向职场女性的大型演讲，主题为压力管理。当我走到前方准备开讲时，才发现没有讲台可以放我的讲稿（当然我也没带），也没有合适的地方可站，台上只有一张桌子和一把椅子。如果我坐下来，就只能看到前排的观众，也显得过于拘谨和正式。我也可以站着讲，双手背在身后，看起来就会像菲利普亲王在对皇室工作人员训话。又或者我垂下胳膊或两手交叠端在腹部，这又会显得像个害羞的学生。可我的演讲主题就是关于压力和压力管理，所以我必须看起来放松又镇定。我一直劝大家言行如一，自己当然也要做到。

最后，我选择坐在桌子的一角，这样我就可以随便摆腿、前倾、后靠，只要我愿意，躺下来都行。几年之后我遇到一位当时在场的观众，她说她已经不记得我当时说了些什么，但我的轻松让她印象深刻，据说我还在演讲结束后步履轻盈地走去与当地记者合影。这些细节我早已忘得一干二净，但她说我看上去既轻松自信又充满活力。

这就是我们追求的目标。早晨踏进办公室的那一刻，你就要让自己的脚步轻快起来。你的同事们可能还沉浸在昨晚的宿醉，睡眼惺忪，或者已经被路上的交通折磨得泄了气。而你依然要元气满满、活力四射，准备开始一天的工作，这对你只是小菜一碟。走路的步伐快一些，不要慢吞吞的——这样才能显示出你的热情、干劲、清醒和活力，表示你已做好迎接一切挑战的准备。

但你的思维不要过于鲁莽，要懂得自我克制——不毛躁、不懒散、不屈从、不泄气。要让自己保持一个轻松、明快、充满活力和热情的形象。

> 早晨踏进办公室的那一刻，你就要
> 让自己的脚步轻快起来。

RULE 18

法则 18
打造引人瞩目的风格

这里的"风格",指的是有品位、有规矩、有教养、蕴藉、优雅、考究、精致、独具一格。你要打造的风格需要具备这些素质,从而引起众人的瞩目。染一头红发或天天穿着从慈善商店买来的二手货,也是一种风格,也会吸引眼球,但法则践行者不会这样做。多想想加里·格兰特(Cary Grant)而不是乔治男孩(Boy George),多想想劳伦·巴考尔(Lauren Bacall)而不是麦当娜(Madonna)。他们每个人都有鲜明的风格,也都吸引了大家的关注。但相信我,加里和劳伦才是你想要的风格:经典、有质感、永不过时。如果你想要打造属于自己的风格,以下建议都可供你参考。

- 选择一种固定的风格,并且让人熟知——例如,只穿黑色系或双排扣,或者只穿阿玛尼,又或者只用某个系列的经典手包/公文包。形成标志式的穿衣风格,并坚持下去。
- 只购买自己支付得起的最好的产品。
- 永远不穿紧身的服饰——宽松的衣着传递着质感和优雅,而紧身的服饰会让人感觉寒酸和廉价。

- 少就是多——精简首饰，只买 / 只戴最好的。如果是廉价货，不如不戴。你会发现当你限制自己只买高级货的时候，你就再不会有选择强迫症和品位堪忧的烦恼，花大钱会让你更具鉴赏力。

- 假如你平时有化妆的习惯，那么就坚持最适合自己的妆容。不要跟着季节或时尚改变，保持大家熟悉的样子，让人一眼就能认出，这就是你的风格。

- 尽量考究，不要随意。越正式越好，越不正式越糟糕。

- 确保你所有的饰品都和你的穿衣风格相配——时尚、贵气、宽松、有风格、有品位。假如你穿得很体面，却整天挎着一个风光不再的老旧公文包——当然，除非这个包已经成了你的个人标识，还得确保它够老、够旧也够贵——那你穿得再好也没有意义。

多想想加里·格兰特而不是乔治男孩，多想想劳伦·巴考尔而不是麦当娜。

法则 19
注重个人仪容

每天早上你都要检查自己的仪容，确保自己在最佳状态。细节至关重要，任何一个被你轻视的细节，都有可能被别人发现，而且它可能关系到你能否晋升。每天上班你都应该像参加面试那样小心谨慎。出门之前仔细检查以下事项：

- 皮鞋锃亮、护理得宜；

- 衣服平整、干净如新、状况良好，没有掉扣脱线、磨损或者裂缝；

- 勤洗澡，必要时用点香水；

- 每天洗头，发型定期打理，不要频繁更换；

- 男士要刮胡子，如果一定要蓄胡子，务必检查有没有散乱的胡茬、绒毛、碎屑之类；

- 女士要化妆，可以化简妆，但必须端庄得体，风格稳定，细节完美；

- 牙齿整齐洁白，口气清新，舌头干净（不要有黄色舌苔）；

- 指甲干净，修剪平整；

- 双手干净，不要因为修理旧车、**DIY** 或者修剪花草留下污垢——做这些脏活时，记得戴一副薄手套；

- 如果你喜欢抽烟或喝咖啡，确保你的牙齿（吸烟者还要注意手）没有渍迹，嚼几片薄荷或口香糖，去除口中异味；
- 修剪鼻毛（或耳毛）；
- 如果你平时戴眼镜，确保眼镜的款式合适，每年更换以确保视线清晰、眼镜状况良好——镜片没有裂痕、镜架没有歪斜。

你不必变得爱慕虚荣或频繁地揽镜自查。只要你保持良好的个人习惯，尽管放松享受生活。我曾与一名女士共事，她每次喝完咖啡或吃过甜点都要去刷牙。这并没有什么不对，只是会引起其他人的注意，同事们都觉得她有点奇怪，有点强迫症。她的错误并不在于频繁刷牙这件事情，而在于过分招摇、惹人议论。如果她稍加谨慎，情况就会好很多。

每天上班你都应该像参加面试那样
小心谨慎。

RULE 20

**法则 20
培养魅力**

一个毋庸置疑的事实是，比起普通人，外表出众的人更容易成功，统计数字也可以证明这一点。那些外表出众的人不用那么辛苦就可以取得事业进展。可究竟是什么成就了一个人的魅力和外表呢？如果你注意观察那些很有魅力的人，会发觉很难知晓他们的秘诀是什么。如果不考虑暴牙或者塌鼻梁等明显的身体缺陷——这些都可以通过人工修复——我们会发现，吸引力很难被准确定义。拿好莱坞的明星来说，丽莎·米妮丽（Liza Minnelli）、伍迪·艾伦（Woody Allen）、茱莉亚·罗伯茨（Julia Roberts）、肖恩·潘（Sean Penn）等人都不是传统意义上的俊男美女，但我们仍然觉得他们魅力非凡、气度雍容，这种吸引力扑面而来。他们活力四射、风度翩翩、个性鲜明。

你也应该具备这些特质，这比天生丽质来得简单。想要变得更有魅力，你得好好读读"第二篇：你永远在被评价"。如果你衣着得体、仪容端正、笑容完美、永远从容自信，对待每个人都温暖友好、表达清晰、顾虑周全，那么人们就会觉得你魅力十足。美好的外表深植于一个人的微笑和眼神。能够点亮整个房间的笑容一定深具魅力，一双闪烁着活力的眼睛也足够让我们觉得那张脸光彩照人。

魅力也关乎态度举止。如果你是一副无精打采的样子，你就是在向外界散发阴郁和沮丧，这并不吸引人，只会让你看上去很糟糕。

走路和握手的时候都要站直，要笃定自重。要让人觉得你积极坦诚、快乐自信。这就是魅力。你的仪容要无懈可击，衣着要品位绝佳，风格温和却不流俗，举止风度超凡出众。这也是魅力。

切记不要有以下表现：

- 无精打采；

- 垂头丧气；

- 不修边幅。

而是应该：

- 在能力范围内，改善一切让魅力减分的事项——肉疣、口臭、蛀牙、视力差（求你别再眯着眼看人了，赶快去配一副合适的眼镜吧）。

> 美好的外表深植于一个人的微笑和
> 眼神。

法则21
保持冷静

工作中无论何时何地，你都要保持冷静，永远不要放下尊严。如果办公室里在举办化装舞会，你也可以和大家玩笑逗趣，但那些奇装异服留给他们就好。你要和这些办公室的无聊消遣保持距离。这会不会给你带来不好的风评，让大家觉得你冷淡、傲慢、自以为是？但如果你是一位法则践行者，你就不会在意这些，因为你知道你不必打扮成猫王或者仙女，也同样能赢得他人的赞赏、钦佩和尊敬。无论何时，你都要保持冷静。你尽可大方地参与支持这类活动，但把小丑的红鼻子留给别人去戴——至少在工作时间。你永远都要优雅、蕴藉。

让我们正视这点，你到公司是去工作的，公司也为此付你薪水。你不是去扮演小丑的。只要你在为公司工作——并且把工作做好——具体方式由你自己决定。你可以选择全情投入到办公室的各类社交活动中，也可以只做一名旁观者。但就是与同事的这一步小小的距离，可以让你更快地成为他们的上级。

但这并不表示你就不能和同事说说笑笑，只是别和他们走得太近，否则你就很难成为那个被提拔的人选。如果你想成为他们的上级，你就应该学会保持距离。要做到这一点，你就得保持冷静。

如果你不知道"冷静"的含义，可以在词典里查一下，查查词库，你会看到它的几个反义词：温暖、兴奋、过时。温暖——想想手心冒汗的感觉——确实不够冷静；兴奋——想想平安夜的小男孩们——可爱但不冷静；过时——想想厚重的羊毛衫——保暖但也不够冷静。

所以我们要做到以下几点：

- 不温暖——手心不再冒汗；
- 不兴奋——不再恐慌；
- 不过时——保持经典的风格，但与追赶时尚截然不同。

一个冷静的职场人员总是轻松自如。遇到危机时，他不会奔跑呼号，而是镇定娴熟地采取安全措施妥善应对局势。无论何时何地，他都能保持理智和沉着。正因为如此，在大家陷入困境的时候，他就会成为众人的依靠。公司不需要一个遇事就惊慌的员工，公司需要的品质是冷静、沉稳、镇定。

你永远都要优雅、蕴藉。

法则 22
言谈得体

什么是言谈得体？难道是要你像 BBC 的主播那样字正腔圆地说话吗？当然不是。你可以保留自己的口音，这不是问题。让我们重新审视一下说话的目的——与人交流，传递信息，不是为了说而说。因此，言谈得体指的就是将信息清晰有效地传达出去。你的表达方式并不重要，重要的是你能把信息传达清楚。这是说话的唯一目的。你在说话时，要尽量避免以下情况：

- 口齿不清——很显然，这样别人会听不清或听不懂；

- 声音太轻——别人还是听不清；

- 使用专业术语——其他部门或行业的人听不懂你在说什么；

- 说话带有倾向，将自己归入某个团体或阶层。例如，年轻人（总是想用当下流行的俚语和口头禅）、政治极端分子（任何激进倾向、过分强调政治正确、狂热生态主义、素食主义、环保主义分子），或明显归属于某一阶级（上流社会、乡下人、本地人）；

- 语法错误——在应该说 "fewer" 的时候你说成了 "less"——凡此种种。假如你不明白这两个词的区别，请立刻找一本语法书去研究研究。说话的时候也不要带口头禅，如"你知道的""就好比"等，你必须把一个句子说完整。

说话得体还需做到以下几点：

- 声音清亮；

- 口齿清晰；

- 态度可亲；

- 表达简洁。

这些都是你必须知道的。如果你能做到上述四点，你就不会犯错，人们不但会记住你说的话，你清晰明亮的声音也会给他们留下印象。言谈得体的作用不可忽视。如果你无精打采、口齿不清地介绍自己的名字，人们就会觉得你缺乏自信、怯场又不善交际，然后很快就把你遗忘。如果你满怀信心地走来，清晰自信地报上姓名，人们就会认为你很清楚自己的方向、自我定位和追求的目标，并因此而记住你。说话尽量简洁，直接把自己想说的表达出来即可，不要拖泥带水。

> 言谈得体指的就是将信息清晰有效地传达出去。

法则23
书写工整

　　书写不外乎两种目的：写给自己看或写给别人看。如果是写给自己看，那么你爱怎么写都行，你可以字迹潦草、随手乱涂，哪怕写得像个五岁小孩的手笔，都没关系，只要不给别人看就好。但如果你是写给别人看的，就有很多讲究了。别人会根据以下两点对你作出评价：

- 你写的内容；
- 你的字迹。

　　哈，你可能会说，你不需要"写"字，你都是用键盘打字的。那么，你用的是什么字体？为何要用这种字体？字号多大？为何要用这种字号？另外，你总归需要在文件上面签字吧，这也是书写。你的签名就和其他任何书写的东西一样，都会被别人评价。曾经有人对我说，我的签名看上去很像一个有钱人。虽然与实际不符，但这很棒，表示我确实在靠近自己试图想要打造的形象。最后还要记住一点：签名的时候把字写大一点，大人物的签名都很大。

　　如果你经常用纸笔书写，请务必注意以下几条：

- 字迹清晰——确保每个人都能读懂，否则书写就没有任何意义，而且很失礼；
- 整齐干净——注意上下左右对齐；
- 形成风格——笔迹适时抑扬顿挫；
- 熟练沉稳——字迹圆滑连贯；
- 前后统一——通篇的字体风格应该保持一致。

书写的时候注意间距和倾斜。你可能自己没有意识到——无论是签名还是其他的书写——如果字体向右倾斜，表明这个人情绪比较低落。乐观的人往往会向上倾斜。

确保拼写和语法正确——如果做不到，那就赶紧恶补。

如果你经常用键盘打字，请选用 12 号的 Times New Roman 或 Arial 字体，斜体、黑体和下划线尽量少用。切记不要多种字体或字号混用，这会让别人觉得你不成熟、不稳重，尽管你可能觉得有趣。

> 如果你是写给别人看的，就有很多讲究了。

第三篇

制订计划

你为自己设定目标了吗？如果没有，那你很有可能一事无成。聪明的法则践行者知道自己想要什么，他们会设定目标，并规划好通向这一目标的前进路径——半年计划、年度计划、五年计划。他们会依照既定计划，一步步前进。你也应该这样做。法则践行者能够灵活应变，根据实际情况的变化不断修正自己的计划，他们不会墨守成规。

法则24
设定长期目标

你的人生目标是什么？不知道？没想过？大部分人都没有人生目标，这就是他们失败的原因。如果你不给自己设定目标，那么你很容易半途而废、随波逐流，就如同人生海洋里的泡沫，悲哀至极。法则践行者都会给自己制定规划——短期规划和长期规划。

长期规划可以很简单——取得资格、升职、到达顶峰、退休，也可以理智而实用。如果你想在职场获得成功，你就需要制定一个清晰的职业规划。当然，你必须考虑到"意料之外"或"无法掌控"的情况，但精明的法则践行者总能预先发现征兆并调整原定计划。最近有人问我："我怎么知道公司会裁员呢？"可事实上，但凡有头脑的人都懂得观察公司的发展走势。

所以，你要摸清自己所在的领域，清楚了解在取得你期望的职位之前，需要经过几个阶段，确定其中的步骤——通常不会超过四步——初级、中层、高层、总裁（如果你还有其他想法，就不要写进去了）。

列出你在每一阶段想要获得的东西：积累经验、提升工作能力、学习新技能、增强领导力等。你可能会注意到这里并没有"增加收入"这个选项，如果你是一位法则践行者，收入增加是一个必然的结果。

知道每一步如何达成。你可能需要调换部门，被指派到其他分部，受邀成为合伙人，进入董事会，跳槽到另一家公司，等等。一旦你知道每一步如何达成，就不难知道下一步要做什么了。

你还要设定一个终点——你的终极目标。可以是不着边际的疯狂念头——全世界的统治者、国家总理、首席执行官、世界首富，什么都可以。这是一个梦想，所以尽可以天马行空。如果你给梦想设限，你就永远不可能达到极致。有人可能会说，做人应该实际一点。没错，那就让这些人安于现状吧。但法则践行者的梦没有极限，只有完美才是他们追求的目标。

> 如果你不给自己设定目标，那么你
> 很容易半途而废、随波逐流。

法则 25
设定短期目标

多短的时间算是短期？这个因人而异。我为自己制订了三个短期计划——月度的、年度的、五年的。这样做能帮助我妥善安排好我的工作负荷。短期内，这些计划可以让我在工作之余照顾好我的家庭。我能够度假、帮孩子择校、打理花园和房子、参加生日派对、过圣诞节，等等。

- 月度计划内应该列明你当月要做的事项——截止日期、首要任务、例行公事等，都是具体要做的事情。
- 年度计划内应包含你正在构思或考虑的事项，重点在于规划，而不是实施。
- 五年计划内包含的就是你的想法、理想、目标、愿望，是未来你想做的事情。

长期规划贯穿你的整个职业生涯，而长期规划中的每一步都应纳入五年规划中。

我喜欢把这三个短期计划独立开来。我的月度计划就贴在我的办公桌前，上面详细列出了各个事项的截止日期、需要回复的电话和要做的事情。这有点像本日历，只是没有具体的日期。

我的年度计划挂在墙上。它不是一个全年的计划表，但上面有 12 个方框。我每个月想做的事情都写在一个方框内。注意，是我"想做"的事，而不是我"必须做"的事。这是一份短期计划，而不是一份待办事项清单或工作日程表。我是一名自由职业者，所以我必须自己找事做。在我月度计划内的工作和年度计划内想要做的工作就是我的面包和黄油。那些我必须做的事是解决我温饱的面包，而那些我想做的事就是黄油，如写本书的时候，我内心充满了愉悦。我的五年计划代表了我的前进方向——五年后我想从事什么样的工作？短期计划中包含的是你必须做的事，但这些事应该服务于你最终想做的事。你的规划越短，看上去就越像工作日程表或待办事项清单。

所有的计划都要包含可行的实施步骤，这样才能落到实处，否则就不能称之为计划，只是空想。

在制订任何计划时，你都要考虑到意外情况。可能会有人打电话，交办给你一项新的任务；虽然它不在计划内，但你没法推辞。你必须懂得变通。

> 所有的计划都要包含可行的实施步骤，这样才能落到实处。

法则 26
了解晋升机制

　　当你开始自己的职业生涯，你是从最底层的职位做起的，你会怀着敬畏仰望你的上司、经理和总裁。终究有一天，随着年龄的增长和工作经验的积累，你也会逐步获得更高的职位，或是离开公司开创自己的事业。对大多数人来说，人生不外如是。他们在职场上磕磕绊绊，逐步晋升，常常会走弯路，最终停在一个舒适的位置上，心满意足，安闲度日。就这样游戏结束，职业生涯到此为止，实在有些悲哀。除非这就是他们所追求的生活。但如果你是一个坚定的法则践行者，我会质疑你这样的选择。

　　法则践行者绝不会随遇而安。他们会做好规划，熟知体制并加以利用。他们清晰地了解从 A 到 B 甚至一直到 Z 的每一个步骤。

　　如果你也希望得到晋升，那么你就应该去研究公司的晋升体制。如果你只是守株待兔，或是寄希望于幸运女神的眷顾，那晋升就是一场空谈。你必须抓住每一天，创造自己的命运。你要清楚地知道如何抛弃陈旧的观念，让自己在体制内一路攀升。

　　那么，你所在行业的晋升体制是怎样的？你是否了如指掌？是否做过探究？你可以从前辈的经历中获取信息，不然你很可能只是在碰运气。也许你的运气不错，真的得到了晋升的机会，但这并不靠谱，就好比你希望能够中个彩票一夜暴富然后退休回家。这样的好事不是不存在，只是极为渺茫。

制定一幅属于你的升职路线图：

- 向上看，找到公司的最高职位（或者你期待做到的最高职位，最好这两者是一致的）——标出来；
- 向下看，找到公司的最低职位——标出来；
- 列出最高职位和最低职位之间的所有层级；
- 标出你目前所在的层级；
- 列出你在到达目标之前还需经过几个层级。

这样你就完成了自己的升职路线图。每当你向上迈进一步，你就把这一层级划掉（假如你不愿在公司内部寻求晋升，而希望自己创业，这种表格的基本原理仍然可以适用）。

与此同时，你还可以列出每次升职所需的技能或经验，还有如何获得这些技能或经验的途径——你要去哪些地方、学习什么技能、研究哪些问题，然后你就可以把这些事项纳入你的长期规划和五年规划之中。

你必须抓住每一天，创造自己的命运。

法则 27
制定行动策略

在职场上制定行动策略，有点像演员在选定角色之后潜心钻研剧本。你必须按照自己想要达到的目标来制定你的行动策略。很少有人会主动选择做一个失败者，但很多人都逃脱不了这样的结局。别让这种悲剧发生在你身上。只要你积极进取，制定行动策略，你就能获得成功。

行动策略有点像个人使命宣言。它和设定人生目标不同，人生目标是指你想成为什么样的人，而行动策略将指导你成为那样的人。

那么你想成为什么样的人呢？成功人士？失败者？半途而废的人？跌倒后重新站起来，拍拍身上的尘土，从头再来的人？聪明的职业规划者？一事无成的人？还是其他？

当然，你也可以选择成为一个铁石心肠、惹人厌恶、残酷无情、睚眦必报的人，但我们假设你不会，一个法则践行者绝不会这样。你的行动策略不仅包括你的行动目标，还包含你的个人品质——"我想要成功，但我也要做一个百分之百的好人"。

很少有人真的坐下来进行这样的思考。这看似简单，但对于达成你的目标至关重要。如果人人都这么做，那世上就会少很多大傻瓜、办公室的讨厌鬼、爱嚼舌头的是非精，还有在同事交往中麻木到叫人害怕的冷血动物。如果我们能坐下来，写出自己的行动策略作为生活的指引，我们都可以成为更优秀的自己。在与同事的相处中，尽最大努力成为一个令人愉快、乐于合作、热心助人、待人友善、善良诚实的人，这不会给你带来任何坏处。有谁会坐下来这样写道："我希望自己成为一个彻头彻尾的混蛋，得罪尽可能多的人，让所有人都讨厌我、疏远我！"当然没有，但我确实在实际生活中遇到过几个这样的人。也许这些人表面上获得了成功，但他们晚上能安然入睡吗？他们如何自处？

我曾经和一位相当资深的经理人一起共事。他最常用的伎俩就是，在到达公司以后，先在部门里头转一圈，逮着谁都臭骂一顿，然后回到自己的办公室里，二郎腿一跷，喝半小时的咖啡，然后再到部门里转一圈，对每个人都和颜悦色。我问他为何要这样做，他回答："这能让他们时刻警惕，他们永远猜不透我。"结果所有的同事都讨厌他、大部分人害怕他，却没有一个人尊敬他。这样的行动策略好吗？糟糕透了。

> 很少有人会主动选择做一个失败者，
> 但很多人都逃脱不了这样的结局。

法则 28
设定目标

目标是对任务的一句话的简单描述，你可以用来指导自己每一天的工作。从来不设定目标的人，就不可能取得成功或得到晋升。

目标能够帮助你明确工作中的重点。假设你马上要去开会。我们都不喜欢开会：冗长、无趣、徒劳，甚至可能降低工作效率，还有无休止的吵闹和争辩。假设你事先已经知道财务部的史蒂芬也会参会，而且他必然会——通常也能很成功地——把你惹毛。你已经预见到你会被带偏，转去讨论公司迁到斯温登的问题，而这与你所在的部门毫无瓜葛。你还知道最后会讨论到展台的预算问题，而展会要六个月以后才办，公司甚至还没决定要不要派你去日本参展。所以，你得设定一个目标：

- "这次会议我只谈我所了解的以及与我有关的事项，无论史蒂芬说什么，我都不会上钩。"

很好，坚持下去。

假如你要向财务委员会递交一份新的预算，关于总部新大楼门前的花坛里应该种些什么花。你想必可以预见到委员们会花几个小时争论一些不相干的话题，如牛眼雏菊和金凤花究竟哪个更好，这时你要做的就是把花苗、除草设备和干草供应的成本提交上去，但千万别卷进春天哪种花开得最好看的细节讨论。所以，你得设定一个目标：

- "我只递交报告，一旦有了结论，就找个借口先行离开。如果委员会坚持讨论和我的工作无关的议题，我就坚决表明态度然后离开。"

很好，坚持下去。

对于工作中的每件事，你都可以设置一个目标。这只需花费几秒钟的时间，却能帮你找出重点所在：

- 问题出在哪里；
- 解决的方案是什么；
- 需要采取什么补救行动；
- 如何避免同样的问题再次发生。

> 从来不设定目标的人，就不可能取得成功或得到晋升。

法则 29
认识你的角色

你在工作中扮演什么角色？没错，你在公司上班，承担着某项职能，要完成某些任务，执行既定的规章制度。但你扮演的角色是什么？这有点像制定行动策略。但行动策略描绘的是你想成为哪一型的职场人员，而角色定位则是指你在团队中发挥什么样的促进功能。你是智囊团、调解人、沟通员、外交家、监工还是激励者？本质上，你的角色决定了你如何融入团队。不错，我们都是团队的一员，在当今这个时代，我们必须要有团队精神。

梅雷德斯·贝尔宾（Meredith Belbin）博士用了二十多年时间，致力于研究团队合作的特点，以帮助提升团队的力量。他把团队中的角色分成以下九类。

- 创新者——想法的发起人；他们启发新的思考；提出解决方案；他们的思维方式独树一帜，能够逆向思考，想象力惊人。
- 资源发掘者——富于创造力；他们乐于接受和执行新想法；他们性格外向，受人欢迎。
- 协调者——纪律观念和自控力强；专注于目标实现；能

增强团队的向心力。

- 塑造者——结果导向型人格；喜欢接受挑战，注重最终结果。
- 监督评估者——善于分析、比较和权衡；他们冷静而客观；是理性的思考者。
- 合作者——热心、富有合作精神；善于交际，一切以团队利益为上。
- 执行者——组织能力突出；通情达理；喜欢把工作完成。
- 完成者——注重细节；负责扫尾工作，任劳任怨。
- 专长者——致力于获取某项技能；在所在领域极为专业；有干劲、有奉献精神。

那么，你属于哪一类呢？你在团队中扮演什么角色？你对自己的角色满意吗？是否想有所改变？

> 本质上，你的角色决定了你如何融入团队。不错，我们都是团队的一员，在当今这个时代，我们必须要有团队精神。

法则 30
认识自己的长处和短处

　　要想成为一名法则践行者，你就必须对自己有客观的认识。很多人做不到这一点，他们没办法打一盏探照灯，像一个外人那样客观、清晰地审视自己。这不仅仅是揣测他人的看法，更关乎我们如何看待自己。我们内心总有一个自我形象——我长什么样？声音如何？什么事会让我生气？我是如何工作的？但这个形象是否和事实相符？我自认为在工作中善于创新，但别人可能觉得我工作糟糕而且缺乏纪律。究竟哪一个才是事实？

　　要想了解自己的长处和短处，你首先需要清楚自己的定位——你在工作中扮演何种角色。我可能会把富有创造力视为一项长处——拥有很多很棒的想法，不注重细节，不断开发新方案却从不全程参与或执行——你确定这些是长处吗？假如我是一名完成者或执行者，那这就不是长处，反而是缺点，我需要具备的长处应该是坚韧、勤奋、本分、稳重、服从、忠诚、遵守纪律——怎么，你确定这些是缺点？你首先需要确定自己的角色，否则就会凭主观去判断长短。

　　如果你有疑问，就把它记下来，就像我一直在说的那样。把你认为的自己的长处和短处都写下来列个清单，拿给一位不和你共事的好朋友看，请他作出客观评价，然后再拿给一位你可以信任的同事看。两份评价中的那个你有什么不同吗？我打赌肯定有，因为你在与朋友相处和与同事相处中所用的技巧就有很大不同。

这条法则是教会你认清自己的长处和短处，并不一定要你去改进什么，消灭什么，也不一定要就此做点什么或改变什么。我们是怎样的人就是怎样的人，我们必须接受自己。你可能缺乏纪律性、行为古怪、难以捉摸——但这究竟是好是坏？完全取决于你的工作角色。有时候为了更好地扬长避短，你也许需要调整自己的角色。

很多人错误地以为，找出自己身上的长处和短处，就是要消除那些不良的品质，只留下那些好东西。并非如此。这不是一场治疗。人无完人，我们都有弱点。关键在于学会与之共处，而不是不切实际地追求完美。

或许你还能为自己的短处找到用武之地——不过到那时它就成了长处，不是吗？好好想想。

> 你首先需要确定自己的角色，否则
> 就会凭主观去判断长短。

法则 31
分辨重要的时刻和场合

眼镜蛇的攻击性很强，毒液剧毒无比，而且精力旺盛。但你会经常看到它们发起攻击吗？很少。它们只在特定的时机展现出能量和攻击力。所谓特定的时机，一定要具备以下条件：

- 适当；

- 有意义；

- 占优势；

- 能获利；

- 必要；

- 重要。

它们只在遇到危险和捕食的时候才会发起攻击。在其他时间，你甚至都不知道它们藏在哪里。它们还会伪装，只在必要的时候才露出自己的面目。你也要做一条眼镜蛇。不要把精力和时间耗费在一些无关紧要的事情上。你要学会分辨重要的时刻和场合，然后全力以赴。

眼镜蛇的重要时刻和场合很容易识别——危险和饥饿。你的重要时刻和场合识别起来要难得多。

通宵达旦地赶一份没有几个人看，而且看过就被遗忘的报告并没有多大意义。你必须等待一个直接向总经理进行汇报的机会——这才是你像眼镜蛇一般发出奋力一击的时刻。

当然，有很多人都在等待关键时刻的来临——公司聚会、大型展览、贵宾造访——然后他们在机会终于到来的时候掉了链子。有的人喝多了胡言乱语，有的人开会迟到，有的人裤子拉链没拉或是裙子还塞在衬裤里。

什么是重要场合呢？工作汇报绝对算得上。表现好，人们就会记住你；弄砸了，你就很快被遗忘。

你不会弄砸。分辨出重要的时刻和场合，然后闪亮登场。做一条眼镜蛇，时机一到，一击即中。

> 不要把精力和时间耗费在一些无关紧要的事情上。

法则 32
预见危机

在职场上，我们每天都在面临危机——裁员、机构精简、公司并购、睚眦必报的同事、脾气暴躁的主管、新技术、新制度、新流程，等等。事实上，很多书从头到尾都在讨论危机——大多是变革造成的危机——例如，斯宾塞·约翰逊（Spencer Johnson）教授的《谁动了我的奶酪》（*Who Moved My Cheese*），还有罗斯·杰（Ros Jay）的《如何应对工作中的艰难时刻》（*Handle Tough Situations at Work*）。如果我们能思维敏捷、打破陈规、灵活应变、迅速行动、顺势而为、善始善终，那我们不但能在变革中生存下来，还能学会如何应对最高难度的挑战。当然，我们不可能每次都过关，有时候危机会击倒我们，每个人都有这样的时候。我们不得不承认，生活有时会在我们猝不及防时给我们重重一击，我们无从闪躲。

但危机就是如此。一旦危机发生，我们就只能面对。当危机还未到来时，我们会产生恐惧，但不会受到实质的伤害。识别出哪些危机可能会变为现实是一种技能，也是天赋。危机无处不在，我们无法一一应对，但真正转为现实的并不多。

如果我们不把危机看成威胁，反而视为一种机会，对我们会大有帮助。每次危机的演化都是我们成长和改变的机会，也是适应和重塑工作方式的机会。我们应当更多地看到危机所带来的正面意义——它带给了我们证明自己的机会。假如我们一直都一帆风顺，我们就永远不会进步。

我曾在一家公司担任经理，后来这家公司被并购了。新的老板带来了他自己的管理人员，而我和两位同事遭到了"贬黜"，也就是降职。我们别无选择，除非离职。我当时已经是一名坚定的法则践行者，所以我把这看作一次向新老板证明我足够优秀的机会。三个月以后，我重新回到了原来的岗位。

至于其他两位经理，一位最终选择了离职，另外一位还待在"贬黜"后的岗位上。他们都满腹抱怨和牢骚，认为降职是一种贬低和侮辱。这或许是事实，但我不认为需要为此感到沮丧。我要做的是重振旗鼓，一路向前。

> 每次危机的演化都是我们成长和改变的机会。

RULE 33

法则 33
抓住机会

　　我知道我在前文中提到了制订计划——长期的和短期的——但有时候，你需要把这些计划丢到窗外。这就是当特殊机会来临的时候。我有一位朋友，他在升职的道路上并不顺利。有一天，他发现与自己同乘一车的人正是他们公司的总裁。这是他表现自己的一个绝佳机会。他可能会言语失当，显得像个傻瓜，或是因为过于尴尬或紧张而错失这次机会，但这些都没有发生，他表现得极其完美。他和总裁闲话家常，但依旧保持恰当的敬意；他表现出对公司的历史、使命和整体目标的充分了解，展现了自己的得体、睿智和谈吐有度；他的表达清晰而有条理；最重要的是，他在不经意间展露了自己的特长——他知道该在什么时候闭嘴和退让。这招很管用。不久总裁就告诉他的主管，她的部门里有一位"聪明睿智的年轻人，不妨稍加提携"。除了给他升职，她还有什么选择？

　　机会就是这样抓住的。你不可能把这种从天而降的时刻写进你的计划中。但如果机会真的来临，你要做到以下几点：

- 识别机会；

- 好好表现；

• 保持冷静温和。

你要谨防自己有以下表现：

• 反应不及——因为它稍纵即逝；

• 惊慌失措；

• 过度表现；

• 过分激动，显得像个傻瓜。

试着将机会看作一个球，当它飞向你的时候，你只有一刹那的时间去抓住它。你没有时间迟疑、瞻前顾后、权衡利弊或优哉游哉。你要么一把抓住，要么永远错失。

花点时间回头看看自己曾经错失的那些机会——如果重来一次，你会怎么做？你会采取不一样的行动吗？你之前哪些地方做得不好？

> 试着将机会看作一个球，当它飞向
> 你的时候，你只有一刹那的
> 时间去抓住它。

RULE 34

法则 34
活到老，学到老

　　我遇到过一个家伙，因为家境贫寒，年轻时无法依从自己的愿望求学深造。他在学校待到 14 岁，然后就进了职场，当了一辈子海关公务员，一步步做到中层管理人员的位置。在 65 岁退休那年，他认为自己终于攒到了足够的钱去追求他想要的教育，最后他获得了法学学位，通过培训，在 70 岁的高龄取得了律师资格。我们当中有多少人能够做到像他这样（不考虑精力因素的话）？

　　当你观察孩子们学习的时候，你会发现他们极其享受学习的过程。当然，如果让他们跟随沉闷的老师听从那些机械说教，他们也高兴不起来，可一旦他们被启发被鼓舞，他们会无比快乐。我们依然是孩提时期的那个头脑，虽然已经没那么灵光，但我们一样可以享受学习。如果停止了学习的脚步，我们的思维就会僵化，变成惹人厌的老顽固。如果不学习，你就不会进步；如果不进步，你活着还有什么意义？

　　所以，你要把学习当成一项终生的事业。我认识一位苏格兰的教师，他从小就梦想成为一名宇航员，这和很多孩子一样。不同的是，他真的为此而努力，他没有让日常生活泯灭自己的热情，而是坚持梦想并付诸实践。

最终，他获得了一份奖学金，可以前往位于阿拉巴马州的美国太空和火箭研究中心进行为期一周的太空训练，包括失重练习和模拟发射。是不是太酷了！他还可以继续追逐梦想，把学到的知识再传递给他的学生，因为对他而言，生命就是一堂永不停止的课。

我们也可以像他一样。还记得小时候你对什么最感兴趣吗？或是想想那些让你着迷的新鲜事物。新技能的学习对你的工作至关重要，无论是一门新的外语还是一种新的计算机软件，任何形式的学习都会让你的视野自由、开阔，让你的思维得到锻炼，你的工作连同老板都会从中受益。所以，无论你感兴趣的是什么，坚持下去，把它当作目标，不断学习。

如果不学习，你就不会进步；如果不进步，你活着还有什么意义？

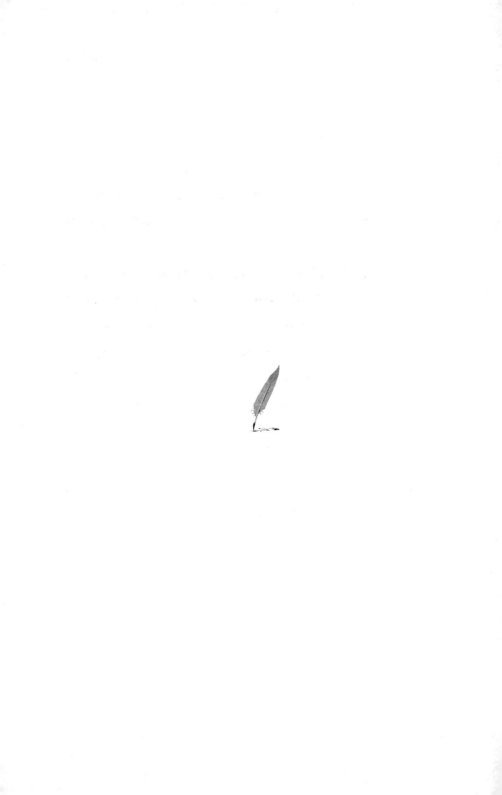

第四篇

不说好话就闭嘴

本篇法则看似简单，却极难遵照执行。我们都喜欢八卦、闲谈、在背后议论老板的是非。而你要遵守的法则就是，别这样做。学会只说正面的、好听的、夸赞的话。人们会根据你说话的内容和方式来评价你，所以你永远都应该表现出友善、向上的样子。

法则 35
不要八卦

"听说了吗？上次公司开会，有人看到财务部的史蒂夫周日一大早从市场部黛比的房间里出来。他们已经两次被看到中午一起在比萨店里约会了，凯西发誓说看到他俩在电梯里头牵手。史蒂夫可是有妇之夫，我以为黛比也已经订婚了。你怎么看这个事？他们还会这样下去吗？"

你的回答："这事和我有关系吗？"

很好。这件事和你无关，除非史蒂夫碰巧就是你的老板，而这件事影响了他的工作，又或者你碰巧就是黛比的未婚夫。这条法则叫你"不要八卦"，但并不是说你连听都不能听。你会发现有的八卦很有趣，甚至有时还很有用。但法则中有一部分非常简单——不要散播八卦，仅此而已。闲话就到你这儿为止。如果你只是听，并不去传播议论，你就会被看作"自己人"，而不会让大家觉得煞风景。你也不必让人看出你不以为然，只要别去传播就行。

八卦是无聊人的消遣，他们无所事事，借此打发时间。八卦也是做着无脑工作的人的专利，他们做事不用思考，所以得用无聊的闲话、鸡毛蒜皮的小事、谣传、谎言和恶意编排的故事来填补空虚。麻烦的是，如果你不加入，他们就会觉得你严肃傲慢。所以你得表现得有些八卦，实际却从不为之。不要太自以为是，逢人就指责那些爱说闲话的人都是傻瓜。

凡事都需小心为上。不必让人看出你不以为然，你只要独善其身就好。

> 法则中有一部分非常简单——不要散播八卦。

法则 36
不要抱怨

　　的确，生活并不公平。有时候你的同事偷懒，你却成了那个加班的人；你的上司可能计划仓促，能力不足，做事经常颠三倒四；你身边的蠢货都得到了提拔；你有做不完的工作；公司有太多愚蠢的制度；每到重要关头都有傻瓜拖你后腿。这就是现实，生活就是这么讨人厌。

　　那么，请你现在告诉我，在上述情况发生的时候，抱怨有什么用？抱怨能不能解决问题？不能，永远都不能。抱怨是那些无所事事的可怜虫的发明，除了浪费时间以外一无是处。而且，这些人通常爱和是非精们混在一起，很多时候他们就是同一拨人。等他们发完牢骚之后，就要开始好好八卦了。

　　抱怨是无意义的行为，抱怨不能帮你完成工作，也无法帮你达成任何成就。它只会产生以下结果：

- 显出你的无聊、狭隘和好管闲事；
- 让你整日愁眉不展，降低你的魅力；
- 浪费时间；
- 招来其他的抱怨者；
- 让你成为别人眼中没有效率、没有助益的人；

•令你消沉，陷入恶性循环。

那么，如果你已经是一个牢骚满腹的人，应该怎么做呢？很简单，每次抱怨之前，你必须找到一个解决问题的办法。如果找不到解决办法，你就没有抱怨的资格。这样坚持几周，你很自然就会戒掉了。

抱怨都是背地里进行的。下次如果你想抱怨谁，就走到他跟前当着他的面说。假如这个人不在，你就先忍一忍。方法很简单，但很管用。因为本尊一旦在场，你就会停止抱怨；当你得罪完了办公室里的所有人，你很难再继续下去。假如你还有话要说，那就当着那个人的面说（不过要记得先读读本篇的开头：不说好话就闭嘴）。

> 抱怨是无意义的行为，抱怨不能帮
> 你完成工作，也无法帮你达成
> 任何成就。

法则 37

维护他人

好啦，现在大家坐在一起喝咖啡，话题突然转到了那个年轻人亚当身上。原来大家都很烦亚当。他总是推卸责任、逃避工作、顺走公司的文具，他对保安态度粗鲁，他总想把工作往别人身上推，他总是把自己的错误怪罪在别人身上，总之他就是个讨厌鬼。所以，大家都趁他不在的时候发发牢骚，把心里的不满发泄出来。但你不能这么做。其他人或许可以，但你不行，起码从现在开始不行。你是一个法则践行者，你要维护他人。

无论这个年轻人亚当有多讨人嫌，你都要从他身上发掘一点可取之处，并且要真诚地替他说话。这就是你的目标——无论如何都要说点好话。

一开始你可能会觉得很难，但只要你坚持下去，说好话就会越来越容易，这只是个习惯和心态的问题。假如我们总是牢骚满腹，自然就只能在抱怨中度日。但如果我们改变一下心态，就能让自己更加积极和阳光，虽然这一开始需要花些心力。

不论在哪种情况下，维护他人都会给你加分，你会成为大家眼中那个总能发掘到每个人闪光点的同事。久而久之，那些原本是你抱怨对象的人们就会意识到，在所有同事当中，只有你总是愿意为他们挺身而出。这会为你赢得无形的拥戴，让那些不太受大家欢迎的成员也把你看作守护天使，愿意与你往来。

这种关系确实有些奇特，但它可以创造奇迹，紧急关头这些人就会成为你的后盾。如果有人想要设计你，他们会通风报信。他们会为你全力以赴，因为他们知道你会在意。如果你需要人帮忙，他们随时待命。

你的好名声会神奇地传诵开来——那个人从不抱怨，从不发牢骚，别人失势他会出言维护，乐于助人，再坏的人他也总能发现对方身上哪怕仅有的闪光点。

当然，你必须秉持真挚诚恳的原则，撒谎或是编造事实并不妥当。如果你从一开始就找不到任何正面的例子，就干脆闭嘴。不过通常总有些好话可讲，世间没有全然邪恶、卑劣、肮脏的灵魂。

再把话题拉回到亚当。你该说些什么？喏，你可以说他咖啡煮得不错，夸他很守时，或者称赞他很会应付难缠的客户，又或者夸夸他的幽默感，还有他对板球很在行。总之，你就一直说"他在……上面还挺好"就可以了。

> 这会为你赢得无形的拥戴，让那些
> 不太受大家欢迎的成员也把你看作
> 守护天使，愿意与你往来。

法则 38
真诚赞美他人

本条法则的关键就在于"真诚"。你的赞美不可以随意、虚伪、肤浅、造作或者言不由衷。赞美必须真挚、诚恳、发自内心、不加矫饰，也要有意义。

赞美也是一门学问。你一定不想让人觉得腻歪或者肉麻，有些经常赞美别人的人会给人造成这种感觉，但你希望给人真诚友善的印象。

那么到底该怎么做？如果你在赞美时展现出亲和力，就能赢得他人的好感，这是一种很棒的办公室效应。最好的赞美方式是直接说出来。你只要说"我很喜欢你这个发型"，然后再提一个相关问题，让对方觉得你感兴趣，例如，"你在哪家剪的？"

- "我很喜欢你刚才接待客户的方式，你是怎么想到的？"
- "我必须得说我很喜欢你的报告，董事会觉得怎么样？"

尽量避免言过其实的表达。你并不"爱"同事的新外套，你只是"喜欢"而已。记住，如果你"爱"一个人，意味着你想和他结婚生子。所以"爱"这种说法，对于外套、报告、发型或接待客户的方式，都是不适用的。

如果你很"喜欢"某件事物，你就直接说出来。你可以强调你喜欢的程度：

- "我非常喜欢……"
- "我确实很喜欢……"
- "我能告诉你我有多么喜欢吗？"

你也不一定非得说"喜欢"，虽然这是个不错的开场白。你还可以用以下方式表达。

- "我对……印象深刻。"
- "我觉得你在……做得非常好。"
- "你在……方面的表现非常出色。"
- "我很享受你的展示，确实非常特别。"

切记，当你表达赞美的时候，千万别让人误会你是在调情或轻薄对方——要专业，尽量和工作相关。我相信这一点无需多说。

赞美也是一门学问。

法则 39
保持快乐积极

如果你每天早上都带着积极的情绪去上班，那么任何压力、烦恼和问题对你而言不过是应了那句话：水过鸭背——唔装载。在别人眼中，你总是胸有成竹、举重若轻又自信成熟。你要做的，就是一边吹着《月亮河》的口哨，一边轻快地走向自己的办公桌。

任何时候都要保持快乐，纵然这是一个阴雨连绵、天色暗淡、令人意志消沉的冬日午后，纵然生意萧条、利率连升、老板心情糟透、人人都低着头，但你还是要保持微笑。没错，今天是糟糕的一天，但今天终究会过去，明天的太阳依旧会升起。无论情况有多坏，事情总会有转机。

保持快乐和积极的心态其实是个小戏法。一开始你不用去相信——照做就行。演戏也好，假装也罢，照做就是。没过多久你就会发现，你没有在演，也不是在装，你真的感到快乐。戏法奏效了。你把自己骗了进去，不关别人的事。微笑能产生荷尔蒙，而这种荷尔蒙能让你感觉快乐。一旦你觉得快乐，就会有更多的微笑和更多的荷尔蒙产生。而你要做的就是在头几天强迫自己保持微笑，然后就会进入这一良性循环。

一旦人们认为你是一个快乐积极的人，大家就会更乐意与你相处——没有什么比一个快乐的人更具有吸引力。

　　你可以在办公桌上摆几盆花作为点缀，也可以吹吹口哨，保持微笑，甚至笑出声来，但别表现出内心的不快。我知道，如果别人问你："最近怎么样？"你很容易就会说："噢，还行吧，我也没法抱怨，就是混口饭吃罢了。"这些话都说烂了，很容易成为习惯。试试换一种回答："很好，我觉得棒极了，一切都很顺利。"这就是戏法的诀窍。

　　所以，当别人扔给你成堆的工作时——有时这没法避免，是工作交接的一部分，你觉得一眼望不到曙光，你很容易就会说："别，不能再加了，难道你们看不到我忙成什么样了吗？太过分了！"假如这些工作都是你必须要完成的，而你的抱怨并不能改变什么，那你不如就说："没问题，先放在这儿，我一会儿就会处理，谢谢！"为什么要对联络的人撒气？我相信他们不是故意把这些活派给你，就为了把你惹毛。多了一堆额外的工作确实很烦，但那又怎么样呢？保持快乐的心态去应对它。你用在抱怨上的每一秒，都是在浪费你的生命。而你保持快乐和积极的每一秒，都是在为你的生命增加光彩。选择权在你自己。

> 今天是糟糕的一天，但今天终究会
> 过去，明天的太阳依旧会升起。

法则 40
学会提问

这个练习的目的是让你变得：

- 受欢迎；

- 值得重用；

- 成功；

- 友好；

- 高效。

达到上述目标的一条捷径，就是养成提问的习惯。提什么样的问题呢？显然这要根据不同的情况而定。例如，在"法则 38：真诚赞美他人"中，我们举过几个例子，你就可以这样问，"我很喜欢你的展示，我觉得你太镇定了，你到底是怎么做到不紧张的？"或者是"我很喜欢你这个处理发票的点子，你是怎么想到的？"

提问表示你在关注和关心他人，对问题有兴趣、有思考，思维周全、敏锐、富有创造力。愚蠢的人不会提问，无聊的人也不会，懒惰的人更不会。你对此有问题吗？

好胜的人喜欢下结论，"我不赞同这个想法，这不可行"。而法则践行者善于提问。也许他们表达的意思相似，但处理方式却截然不同，"对于这个方案，我还需要更多的信息。你们怎么看？对于新增的订单，物流能跟得上吗？我们增派的人手够不够？我们需要重新审视这个方案，你们大家怎么看？"你并没有说这是个馊主意，但大家都明白你的意思，可他们还是会觉得你这个人很不错——你没有在同事面前直接毙掉方案，却也让他们的问题暴露无遗，同时还给他们指了一条路，只要他们愿意接受——叫他们"回头再想想"也就表示方案被否决了，但这么说要委婉得多。

总体而言，提问是一种非常有用的交流方式，提问能表明你对同事的关心。但切记你的问题要真挚诚恳，要有价值，要出于善意。

这样的提问就毫无意义："你到底在哪儿买的这件外套？你不会觉得它很搭你吧，你确定？"假如这件外套真那么难看，你最好提都不要提，大可转移话题聊聊工作："为什么你每次都能这么快就处理完发票？是不是有什么秘诀呀？"

和你维护他人的道理一样——再可恶的人也一定有优点，世间没有全然卑劣的灵魂——提问也是如此。你总是能找到和某人的工作、爱好、社交生活或者家庭相关的话题来发问。即便是简单的一句"孩子们还好吗"，也能够拉近距离，让你显得和善可亲。提问能开启话题，在朝夕相处的同事之间营造出愉悦和温馨的氛围。

> 提问能表明你对同事的关心。

法则 41
多说"谢谢"，多用"请"

　　你可能觉得这一条再简单再基本不过，根本不用列进法则。很抱歉，我必须再次重申"请"和"谢谢"的重要性。这两个词永远不嫌多。有人会借口自己太忙或是太健忘，有人会觉得本来就应该心照不宣，没有必要每次都说。纯属借口。你忘记说"请"和"谢谢"的唯一原因，就是没有礼貌。如果我们连做人最基本的礼数和体面都做不到，那我们真的不配活在这个世界。如果我们长到这么大，连一句感谢都说不出口，连说声"请"都嫌烦，那你不如现在就卷铺盖回家。

　　无论别人在一天中给你递多少次东西，你每次都要说"谢谢"，一次都不能省。不管你为了同一件事折腾了几回，每回都要说"请"。如果别人为你做了些什么，无论这件事有多平凡、多琐碎、多机械无趣、多轻而易举，你都应该说一句"谢谢"。

　　只要你忘记一次，你就会被贴上粗野无礼的标签。记得说"请"和"谢谢"，这能够使人高兴。我曾经和一位经理共事，他能够让下属集体上大夜班，牺牲假期和周末，把工作带回家，还比其他团队更努力。我们都在观察他，想知道他的法宝是什么。他的团队的忠诚度很高，在这一点上，他远远超过我们大家。写到这，我想你早已猜到了答案，因为他每次都说

"请"和"谢谢"。

高兴吗？就这么简单。他做到了。这小小的礼貌用语，能够派上大用场。我不认为他的下属意识到了这点，因为我们也是过了很久才发现。很多人会说，我也经常会说"请"和"谢谢"啊，但他一次都没有落下过。另外，说的时候要真诚。一句真诚温暖的"谢谢"，可以影响深远。这两个字还是回应别人夸赞也给自己加分的好办法。如果有人夸奖你某件事做得很棒，你不必红着脸结巴道"这其实没什么"，这会让对方听了不舒服，不如大大方方地说一句"谢谢"。最后切记，不要用"请"做欺骗的幌子。例如，你可以说"能请你帮我顶下中午的班吗？帮我接几通电话，我下午替你把时间补回来。"但你不能说："请你帮个忙嘛，拜托拜托！"

> 一句真诚温暖的"谢谢"，可以
> 影响深远。

法则 42
不说脏话

我知道人人都说脏话，有些人还会觉得这样很酷。我明白
我们应该与时俱进，观念要开放一点。但是对不起，你还是不
能说脏话。在家你可以随便乱说，在自己车上也行，但上班
的时候不行。这条法则简单而有效，因为它是一条默认的规
则——不能说脏话。你还有什么选择余地吗？完全没有。这是
你的底线。不说脏话，没有转圜的余地。

但如果说脏话本来就是你的习惯，你就有很多选择要做
了。我很怀疑你能不能做成任何事。例如，你有没有以下描述
的情况。

- 一出岔子就骂脏话？

- 在电话里"出口成脏"？

- 当着老板的面骂脏话？

- 当着客户的面骂脏话？

- 对着客户骂脏话？

- 来来回回骂的都是固定几句？

- 措辞激烈还是有所收敛？

骂脏话是雷区，是噩梦。如果你不说脏话，你就不会有上

面这些烦心事。我并不是对你进行道德规劝，而是教你提高工作效率。不说脏话会让你节约很多时间和精力，仔细想想吧。现在就行动起来摆脱说脏话的习惯吧。

在家你可以随便乱说，在自己车上也行，但上班的时候不行。

法则 43
学会倾听

　　我没有叫你把肩膀借给所有人去靠着哭。事实上，那也许不算是倾听，而是心理治疗。善于倾听的人能让说话的人感受到他们的心意。你可以这样做。

- 说些鼓励的话："嗯，好的，继续，我在听。"
- 适当使用肢体语言，把头歪向一边，目光注视说话的人，不要打哈欠或是拨弄手表。
- 重复某些话，让对方知道你听进去了："星期五的三点钟，我记住了。"
- 让对方重复那些你没有听清或听懂的话："关于彼得堡的事，你能再说一遍吗？我不确定我的理解对不对。"
- 发问："所以针对格罗斯特的计划取消了，对吗？"
- 做笔记，在他们说话的时候做记录。

　　那么，你为什么要学会倾听呢？答案很简单，因为你可以有以下收获：

- 得到更多信息；
- 对你即将要做的事情有更深的理解；

- 更好地掌握周围发生的事情；

- 显得有同情心、周到体贴；

- 显得聪明敏锐；

- 显得工作游刃有余。

假如你不去听，就得不到信息。如果你已经开始倾听，就要让说话的人感受到你的存在。简单吧。

善于倾听是一门学问、一种天赋，你必须不断学习和演练。这种本领不会与生俱来，也没法在一朝一夕间掌握。你必须不断琢磨，当自己不小心分神的时候，能够立马把注意力转回来。

> 倾听是一门学问、一种天赋，你必
> 须不断学习和演练。

RULE 44

**法则 44
只说有意义的话**

想要成功或是升职，你必须塑造一个正确的形象——一个智慧、成熟、可靠、冷静、稳重、值得信赖、经验丰富的商务人士——有时候，你的所有努力都可能因为一句无心之言或是某个无意的瞬间而前功尽弃。最近，一位在影子政府中担任要职的部长，就因为在某个橄榄球俱乐部的晚宴上开了一句"涉嫌"种族歧视的玩笑而遭到解雇。就因为这样一次无意间的"口无遮拦"，她的职业生涯从此一蹶不振。

你必须时刻管好自己的嘴，谨防以下情形发生：

- 政治不正确的评论；

- 针对某一群体的攻击性玩笑或言论；

- 任何形式的性别歧视；

- 盛气凌人的话语；

- 傲慢的言论；

- 发火；

- 骂脏话（参见法则 42）；

- 八卦、抱怨、牢骚（参见法则 35~37）；

- 泄露你对别人的真实看法。

聪明人懂得少说话，而不是喋喋不休。如果你管不住自己的嘴巴，那你很可能会"祸从口出"。如果你开口前懂得三思，适时沉默，你的表达就会更准确，措辞也会更细致，你说的话也就更有意义。长此以往，你在别人眼中就成了智慧成熟的代表。人们会向你寻求建议和指导，因为他们知道你在开口之前会先在心里掂量，而不是乱说一气。人们会信任你。而一旦赢得了人们的信任，你离升职和成功也就不远了。

确保你所说的每句话都有影响力，而不是消散在办公室的喧闹声中。别去聊自己昨晚看的电视节目——说实话没人会关心——倒不如沉默，直到有重要的事情再开口。

> 有时候，你的所有努力都可能因为
> 一句无心之言或是某个无意的瞬间
> 而前功尽弃。

第五篇

保护自己

你平常接触的大部分人都是正派善良的，但总有那么几个人例外。你也躲不掉——那些无耻之徒、嫉妒的同事，还有抓住每一次机会在背后中伤打压你的人。一有时机，他们就想把你打得一败涂地。你必须确保自己不会成为他们的攻击目标。本篇法则将教会你如何减少树敌，同时又能领先别人一步。随着你日益成功，很自然就会招来别人的嫉妒和羡慕。演练本篇法则，你就能避开这些麻烦，保护自己，尤其是防止别人从背后插刀。

法则 45
了解企业伦理

你靠什么养活自己？我问的不是你的具体工作，而是你对这个社会做了什么贡献？你的贡献是正面、有益、健康的，还是负面、有害、有破坏性的？你的企业是做什么的？你在这个企业中扮演什么角色？你所在的企业有什么样的伦理观？

这里的伦理观指的是什么？它指的是企业的道德标准，对是非对错的判断。你的企业口碑如何？它对社会是有益的还是有害的？它是在向社会积极回馈，还是一味索取？

假如你突然意识到你的企业臭名昭著，你也不用立刻辞职。你能做的，就是从内部发起改变。我们现在聊的可不是环境问题，虽然很多人很关心这一点。我要你做的，是把注意力放在企业的道德层面。

当然，如果你确信你的企业经营手段失当——我就遇见过，最后选择了离职——已经令你无法忍受，那么你就该走人了。要相信因果循环，虽然你可能会蒙受一点经济损失，但最终总会受益。

每家企业都会有好的方面和坏的方面。有时你可能被迫违背原则，去做一些坏事——当然你得先读读"法则 47：制定个人准则"，但重点是制定企业的准则，而非个人的——这时候你必须指出，他们要求你去做的事，对于企业是不道德的。你要不断地问："如果让媒体知道了，他们会怎么做？"还可以帮他们把标题也拟好"某企业大量裁员，代之以国外廉价劳动力"。

不错，你可以依着自己的性子果断拒绝，但也许会因此被冠上懦弱、胆小、没有担当的标签。所以你必须站出来陈述此事会对企业造成的后果，你得让"检举人"的观念深入人心——"嘿，如果人们知道了这件事会怎么办？"这样在打出道德牌的时候，你既是企业的一员，也是社会大众的一员。

要做到这一点，你必须了解自己所在的企业伦理，以及它对社会有什么样的贡献。现在就行动吧。

你的企业口碑如何？它对社会是
有益的还是有害的？

RULE 46

法则 46
了解企业的合法性

你的公司有没有触犯法律？你有没有违法？你知道公司是否在依法经营？

我曾在一家行事特别磊落的机构上班。他们以行业标杆自持，开启业界新风。但没过几年，他们突然开始弃善从恶。这种转变异乎寻常，我也没有弄清楚个中缘由。公司高层并没有太大变动，也不像受外部环境所迫——公司还没到生死存亡的地步。可是突然之间，公司就成了违法经营——我指的是真正的国家法律。我突然发现自己在为一家腐败欺诈的公司工作。怎么办？一开始我选择视而不见，但最后他们也要求我加入这些违法的勾当。在那时我选择辞职。我保全了自己的荣誉和名声，去了竞争对手的公司工作。刚到新公司，老板就向我询问原公司的情况和动向，但我坚持不肯透露任何会不利于老东家的信息。我也不知道我在坚持什么，但我认为保守商业秘密是一种美德。我很愿意分享他们的经营模式，但一旦触碰到法律层面，我就缄口不提。

几年后，我又在一家被老东家收购的公司里面工作，但昔日那些管理层早已被逮捕惩处，改过自新。我还想为他们工作吗？不见得。不过一位高管在面试我的时候说，他很高兴能和我共事，"至少你知道什么时候该闭嘴"。听上去他似乎依然本性不改，于是我再次放弃与其一起工作。

那么，你所在的行业有多清白？你的公司呢？你必须清楚公司要你去做的事情是否合乎法律。有的行业法规多如牛毛，你一不留神就可能触犯了法律。所以你必须有这个意识。作为一名法则践行者，你必须洁身自好、独善其身，也绝不去做别人的替罪羊。如果他们想找个傻瓜顶包，确保那不是你。你必须坚定地站在法律的这一边，永远不要误入歧途。

如果你选择铤而走险，那就另当别论，但如果你因为自己的无知而锒铛入狱，那多么可怕。当一个聪明的罪犯也强过当一个无知的替罪羊——"但我什么都不知道"从来就不是一句有效的辩护。

作为一名法则践行者，你必须
洁身自好。

RULE 47

法则 47
制定个人准则

你晚上能够安枕吗？我反正可以，不过我给自己制定了几条绝不会违背的个人准则：

- 在追逐事业的过程中，绝不故意伤害或阻碍他人；

- 在职业生涯的进程中，绝不故意触犯法律；

- 树立自己的道德准则，任何时候都要恪守；

- 所做的工作必须对社会有益；

- 不做任何在孩子面前羞于启齿的事情；

- 永远以家庭为重；

- 不在晚上和周末加班，除非事出紧急，而且已经和合伙人商议；

- 找新工作时不会不当竞争，陷害他人；

- 坚持把用过的东西放回原处；

- 开诚布公地与同业人员分享所有技能、知识和经验，让大家受益，不会独占资源；

- 不去眼红同业中其他人的成功；

- 时常反思自己行为的长远影响；

- 任何时候都依从法则行事。

以上行为准则就是我个人的一套标准，可能并不完全适合你，你可以为自己量身定制一套更棒的准则，但希望你的标准不会比我的更低。任何时候我们都得竭尽全力，做到最好。

任何时候我们都得竭尽全力，
做到最好。

法则 48
绝不说谎

　　和"法则 42：不说脏话"一样，这条法则也极为简单。它设定了一个你无需多加考虑的底线。绝不说谎的意思就是绝对不要说谎。在任何情况下你都不能说谎。一旦你建立起从不说谎的名声，人们就不会找你帮忙包庇了。

　　如果你决定为了生计说谎，那么你将面临各种各样的选择和决定。你的底线在哪里？你只撒无关紧要的谎吗？还是要撒弥天大谎？你撒谎是为了自救？还是为了别人？你是为了公司说谎？还是为了老板、同事？你的谎言是否无懈可击？你会不会为了圆之前的谎而不得不撒一个新的谎？谎言有没有尽头？你会把其他人牵扯进自己的谎言，还是孤军奋战？

　　你发现问题所在了吗？如果你坚持这条简单的法则——绝不说谎——那么你就无需再为这些顾虑、选择、决定、取舍而苦恼。

　　绝不说谎也能把你从诸多烦恼中解救出来：不再有负罪感，不再恐惧、害怕被揭穿，不用记住说过的谎话，不用冒着被处罚或解雇的风险，不必尴尬，不必疏远同事，不会让家人陷入困境，也不会面临犯罪的指控而夜不能寐。

　　绝不说谎是职场生活中最简单、最明白、最诚实的一条原则。

　　当然，适当地润色自己的简历、经验和工作热情无可厚非，但不要说谎。你最终一定会被揭穿，我敢保证。

　　假如我要向出版社推荐我的新书，如果他们问起我的看法，我不会回答："我觉得还不错。"我会说："棒极了，它一定会畅销，很可能就是你们一直在等的那本书。"我撒谎了吗？并没有。假如我认为这本书不好，我压根就不会写它。那它会畅销吗？有可能。我怎么能确定呢？市场一向变幻莫测。但我这么说是在撒谎吗？不是。

　　你可以适当夸大自己的能力、技术或专长，但绝不要说谎。任何谎言都经受不住时间的考验。你说你自己是个软件开发员，但其实并不是，这就是在撒谎。而如果你说自己精通软件开发，这就不算谎言，因为这只是一种观点的表述。但如果你心存疑虑——假如你无法快速应变，就绝不要说谎或矫饰。

> 你可以适当夸大自己的能力、技术
> 或专长，但绝不要说谎。

RULE 49

法则 49
不要包庇任何人

身为一名法则践行者，就意味着你要追求完美，要为自己设定极高的标准。其他人对自己的要求没有这么高——所以他们也不会像你那样成功——但他们可能会设法拉低你的标准，或者把你卷进他们的小算盘当中。你该怎么做？好吧，让我们再来定一条简单的默认法则，永远不要包庇任何人，不管在哪种情境之下。

这样一切就很简单了。你无需为此费神，也无需再做选择或决定。你清楚地知道自己的立场，也已经让同事们清楚了他们的立场。你已经让老板明白你不会包庇任何人，因此你的品格毋庸置疑，也无可指责，值得他去信任依靠。

一旦你决定包庇他人，你的生活就会变得复杂，而且真的不值得。例如，你是只包庇几个亲近的同事还是任何求助你的人？你是只包庇小错误还是连大问题也放过？如果有人诈骗你还会包庇吗？玩忽职守呢？如果被别人发现，你又该怎么说怎么做？当你被公司开除，你如何向你的家人解释？

当一位要好的同事兼朋友向你求助时，你该怎么办？其实你大可坚决说"不"，无需多加解释。或者也可以委婉一点："千万别问我，问我我也只能说不行哦。"给别人留个台阶，顾全他们的面子。

拒绝过一次之后，一切就会简单起来——你已经建立起了不会包庇的名声。这其中最难的一点，就是学会忽视求助中夹带的人情绑架。可事实上你不需要有负担，因为既然对方并没有为你着想，你为什么不能拒绝？当他们向你提出这种请求的时候，其实已经准备牺牲你的利益了。

如果他们向你施压，你就假装自己是磁带卡了壳，只要不停地说："不行，别来找我。不行，别来找我……"他们最后也只能作罢。记住，真正的朋友绝不会要求你为他包庇。

> 一旦你决定包庇他人，你的生活就
> 会变得复杂，而且真的不值得。

法则50
勤做笔记

　　每次我和出版社商定要做一本书的时候，我们都会签书面合同。我们在合同中约定所有的事项，以免因时间长而遗忘。这样一来，当我交稿的时候，如果出版商问："怎么才100页？不是说好了200页吗？"我就可以掏出合同，找到约定页数或字数的那项条款，一查便知。

　　如果上司要你去做某件事，你就把它记下来——当着他们的面——这样往后他们要想指责你把事情做错了或是做迟了，就没那么容易。

　　如果上司要你提交一份报告，你就应该先递上一份简短的备忘或是笔记请他过目，上面简洁列出所有重要事项，以免日后有差错。记得自己留个备份，并且要让他知道你留了备份。

　　这条小技巧不是给那些居心不良的人找人垫背用的，相反，这样做只是为了澄清事实。如果你做了书面记录，事情就会变得简单而清楚。谁能争得过白纸黑字？当然，笔记也有可能伪造、有可能事后才写上去，又或者经历过篡改、修订或重写，但假设这些情况都不存在，笔记中记录的就是事实。

　　令人吃惊的是，一个极小的细节常常会导致重大的纠纷，除非你一开始就做了书面记录。做笔记从来都不是多此一举，而是一种明智的预防措施。没有人的记忆能做到完美无缺，我们都会忘事：忘记日期、忘记时间、忘记细节。而一旦记录下来，我们就可以随时查看，往往那时你就会惊诧于自己的记忆力有多么糟糕了。

在管理类的书籍中，我们经常会读到这样的建议：每隔一段时间就清理一次自己的备忘、邮件或传真，如果你半年都没看，就表示你不再需要它了。纯属胡扯。你必须保管好所有的资料。腾出更多的空间来存档，而不是随意丢弃，除非你百分之百肯定它没用。我曾和一位出版商（当然不是开头那位）就我们五年前合作的一本书起了大争执。我们争论的问题并未在合同中列明，但我当时做了笔记，于是我把笔记找了出来——有点像上学的时候给别人演示你的做题步骤——证明他们所出版的就是当时约定的内容。我终于摆脱了麻烦。你无法说服我丢掉任何东西，没门。

> 如果你做了书面记录，事情就会变得简单而清楚。

RULE 51

**法则 51
学会区分"事实"和"全部事实"**

现在我们已经确信，在任何情况下，你都不会说谎，也不会包庇他人，但你也不必当一个好好先生，别人问什么就答什么。你不必主动向人透露信息，除非这样做直接对你有利。即便得知某个同事把事情搞砸了，你也不必立刻跑去老板跟前告状。相反，有时你置身事外、静观其变，反而对自己更有利。如果同事知道你已知晓一切却没有多嘴乱说，可能会觉得欠你一个人情，未来某个时候他可能会知恩图报。

当然，如果你的老板问起，你就不该隐瞒，但你必须分清"事实"和"全部事实"之间的区别。不说谎是一回事，但把你知道的一切一股脑地吐出来又是另外一回事。有时候，如果你能对自己陈述的事实稍加取舍，收效会相当可观。身为一名法则践行者的美妙之处在于，在不断获得晋升和成功的同时，你并没有失去自我，你还是一个百分百的好人。这表示你不会说谎或包庇他人，但你也不会监视、告发、背叛或陷害你的同事。

瞧瞧周围，这是个现实的世界，到处都是你死我活的残酷竞争。你必须加倍小心，并非人人都是善类。你的周围也许正在发生一些残酷的事情，但你不必参与其中。你也不必成为领导面前的红人。你必须时刻保持清醒，知道什么时候该开口、什么时候该闭嘴。

我希望你能成为一位圆融的外交家——知道应该说什么、在什么时候说；同时还是一位武术高手——能够迅速应变；一位心理医生——别人遇到问题会来咨询你，而你的问题则留在心里；一位禅宗大师——看到一切、洞悉一切，但很少开口。

所以，当有人来征询你的意见时，你要先揣摩一下他们的真实目的。他们想要听事实吗？"这份报告烂透了。"还是局部的事实？"这份报告不错，还算过得去。"又或者是关键的事实？"报告不错，但是遗漏了很多内容。"还是安慰性的事实？"报告很棒，我很喜欢，因为确实很棒。"还是真正的事实？"我还没时间看你的报告，因为我不喜欢你这个人，我觉得你的报告应该很无聊——就像你这个人一样"。

你的周围也许正在发生一些残酷的事情，但你不必参与其中。

法则52
建立人际圈

如果你不肯包庇他人，那么你对他们有什么利用价值？前面我已经说过，这是个真实的世界，人们总是期望你能为他们带来利益，为他们所用。他们希望你能替他们背黑锅、为他们庇护、帮他们干活、当他们的耳目，而且是同时做到以上几条。但你是一名法则践行者，你不会参与到办公室的政治斗争中。你独树一帜。你既不会动手喂鲨鱼，也不会让自己成为鲨鱼的食物。那么你究竟是何许人也？你在这儿做什么？

你是平静的湖面，是风暴的中心。你是团队中最值得信赖的依靠，稳如泰山、不可动摇。你是默认的标杆、诚实的代表，所有同事都将你作为自我判断的标尺。如果你认为这里是禁区，他们也会这么觉得；如果你在某个棘手的问题上选择了回避，他们也会知道最好不要沾手；如果你说没问题，他们就会认为一切都好。

你成了旗手，成了一切事务的衡量准则。你不信吗？可以试试看，很有效。

因为你诚实可靠、值得信赖，其他同事很快会来向你求教，寻求建议和指导，而你每次的付出都是有偿的。每一次轻拍肩膀、每一次指明方向、每一点提示和建议、每一条指导意见，你都有所收获——大家对你的忠诚。你可能不需要所有人的帮助，但人们最好知道谁才是他们的领袖。没错，就是你。怎么做到这点？通过善意、体谅和坦诚。不要令他们失望，不要背叛他们，不要陷害他们。永远保持振奋，支持他人，待人诚恳，不要说谎或包庇他人，但尽可能团结他们，保护他人，乐于与人合作，发自内心地关心和关注他们。你就能顺利获得他们的拥护。为什么会这样？因为很少有人这么做。真诚是一样稀有的东西，人们对此毫无防御。很少有管理类的书籍或课程会教你做一个善良、坦率和诚实的人，它们背后的教义大都是残酷竞争、利用他人、互相侵害。结果就是人们失去了人性，变成了相互撕咬的疯狗。而这时你站出来，让他们知道这个世界应该是什么样的，从此无论你到哪里，他们都会一路追随。

> 真诚是一样稀有的东西，人们对此
> 毫无防御。

法则 53
约会要慎重

很多人会说，绝对不要和同事约会，因为这会招来怨恨、压力、嫉妒、分心和沮丧，多半会对你的工作和名声有损。即便一切都很顺利，恋人之间也难免会争吵或分手。

某种程度上说，我赞同这种观点。当然，如果你自己不检点，落入了办公室聚会的陷阱当中，也没什么可抱怨的。假如你无法抵挡财务部那位迷人同事的魅力，又想守住底线，那你最好还是别去参加这个聚会，毕竟你还是想做一名真正的法则践行者。

问题是这条简单粗暴的"不和同事约会"的规定并非完全正确。拿我来说，假如我遵守了这条规定，我的三个宝贝就不会来到这个世界，不过我也不是在提倡什么。只是你要明白，很多人都是在工作中结识了自己的另一半，你不能无视这种可能性。

那么法则践行者该怎么做呢？答案是：只允许自己与同事建立严肃认真的恋爱关系。当然，你无法确保这段关系能维持到永远，但如果你明知道你们之间不会长久，就不要尝试。你可以问问自己，这个人和我的工作哪个更重要？如果你必须放弃其中一样，你会如何选择？如果你能毫不犹豫地选择放弃工作，那你就勇敢去爱吧。当然，如果你运气够好，你两者都不需要放弃。

如果你与同事陷入了恋爱关系，你就必须迅速成熟起来，负起责任。你要提出一些你们两人必须遵循的原则，确保你们的关系不会对工作造成影响，而你的成熟和理性也会令其他同事和经理对你刮目相看。

你可以从以下几条基本原则做起。

- 不要在公开场合秀恩爱。
- 不要过分亲密、窃窃私语或是打情骂俏。
- 把你们的关系告知最直接的同事和经理；否则他们会乱加猜测又不明真相。之后行为依然要检点，不让人觉出你们是情侣。
- 如果工作中会有利益冲突（这也是必须告知老板的原因之一），请求上级重新分配工作。例如，你们相互间最好不要有考评、管理或面试等敏感事宜。

> 当然，你无法确保这段关系能维持到永远，但如果你明知道你们之间不会长久，就不要尝试。

法则 54
了解他人动机

你工作的动机是什么？我们都知道你是一名法则践行者——诚实、勤奋、努力、热情、成功、懂得自我激励。你的工作干得很出色，给上司留下了深刻印象，赢得了同事的尊敬和后辈们的爱戴与忠诚。你每天回到家，都觉得自己又度过了充实的一天，你待人亲切，是个百分百的好人。每晚你都能安然入眠，因为你从未陷害他人、触犯法律或是做出任何逾矩的行为。你收入颇高，但那并不是驱使你前进的动力——你的目标是成为最完美、最顶尖的人。但其他人的动机是什么？如果你还想继续前进，就必须了解别人的动机何在。

想要了解他人的动机，就意味着你得走进这个暗黑模糊的心理世界。人们的动机可能多种多样，例如：

- 权力；

- 金钱；

- 名誉；

- 报复；

- 伤害他人；

- 渴望被爱。

无论是哪种动机，我都敢打赌他们绝不会是法则践行者——你的境界高出他们许多——你沉着、冷静、稳重、自持而又练达。你要小心对待那些以索取、恐惧、贪婪为动机的人。要和他们搞好关系，但不必低声下气。要用策略胜过他们，但不要降格到他们的水平，也不要偏执多疑。

环顾一下你的办公室，找到每个人工作的动机，包括你的上司和上司的上司。一旦了解了他们的动机何在，你就能够轻松应对。知识就是力量。

> 你要小心对待那些以索取、恐惧、
> 贪婪为动机的人。

法则 55
人人都有一套法则

现在我们都已知道你所遵循的法则，但其他人呢？他们的行为标准是什么？他们遵循哪本书上的法则？他们前进的步伐如何？或许他们是一边前进，一边建立自己的行为法则，因此他们的行为常常没有规律、无法预测。

并非所有人都像你这样对诚信和道德有着极高的要求。当然，有很多人能够和你一样做到善良正直，同时还能在职场阶梯上一路攀升。但同样也有很多人，他们的行为准则令人怀疑。

你必须将你自己现下所遵循的这些法则掩藏起来。如果你暴露了，你就违背了法则本身。如果你能设想每个人都在遵循不同的行为法则，你就不会犯下大错。你不必去拿别人的法则和自己的作比较，它们之间没有优劣之分，只是不同。如果你认为别人的法则和你的有所雷同或是更胜一筹，你很容易就会陷入失落、幻灭、悲伤和焦躁。

而如果你认为别人的法则不如你的，你就会变得多疑、焦虑、偏执和猜忌。

你只需知晓差别，不必深究内容。这会让你的心态开放包容，有所期待却也小心谨慎，为人亲切却不过度信任，反应敏锐但不会轻易受骗。

这有点像兵法秘籍：

- 你已全神戒备做好准备，但表面上并没有剑拔弩张、咄咄逼人；
- 你能随机应变，像猫儿一样轻盈敏捷，能轻松闪躲一切障碍，又不显得争强好胜；
- 你脚踏实地，目标坚定，随时应对任何情况。

> 你必须将你自己现下所遵循的这些法则掩藏起来。如果你暴露了，你就违背了法则本身。

法则 56
保持信念

有时在一份工作中你会发现，你周围没有一个人是法则践行者。他们腐败堕落，毫无诚信，拒绝改变，故意刁难你。这时你该怎么办？

听着，我知道这很难，但如果你也因此降低自己的标准，只会让事情变得更糟。你当然可以选择辞职，但我理解有时候辞职没那么容易，你可能还想要再坚持一下。那么，请你继续坚守自己的道德高地，坚守你的信仰：体面、正直、诚信、公平、侠义、进取。如果你也自甘堕落，那又凭什么去要求别人？或许情况很难改善，但这是你唯一的选择。

我曾听一位读者说起过他之前类似的困境。他是一名绝对资深的法则践行者，所以他拒绝降低对自己的要求。他努力打造一支合作的团队，推行一些不受欢迎却早该实施的变革措施。有些同事感觉到了威胁，就联合起来指控他收受贿赂、行为不端，想要让他走人。你猜结果如何？他的老板完全不相信这些指控。看到了吗？这就是坚持做一名法则践行者的回报，虽然他在工作中也存在各种问题，但他的老板并不傻，他看得出这是一位忠诚奉献的员工。

所以，如果你也面临着同样的处境，我向你表示同情。但

我想说的只有一句：再坚持一下。如果你动摇了，或是与他
们同流合污，你还要如何立足、如何在夜里安然入眠？如果不
再有人挥舞正派的大旗，那么最后的希望也就消失了。事实上，
大多数人都想选择友好、体面、正直、合作的道路，只是不想
做第一个出头的人。在一个腐化的环境中，人们更容易被同化。
但如果你显示出了其他人所不具备的勇气，他们就会追随于你。
当然不是所有人，但只要有几个盟友，你就会快乐许多，也会
更加坚信自己的选择，无论任何时候都继续践行法则。

> 如果不再有人挥舞正派的大旗，最
> 后的希望也就消失了。

法则 57
目光要放长远

归根到底，这只是一份工作而已。它不是你的健康、爱情、家庭、儿女、生命或者灵魂。顺便说一下，如果你认为工作是以上任何一项，那你已经误入歧途了。

工作就是工作而已。是的，我知道钱对你很重要，不用多说。但工作只是生活的一部分，你还有很多其他重要的事情。

不管这一天的工作有多糟糕，你都不应该出现以下情况：

- 失眠；

- 厌食；

- 失去"性致"；

- 烟酒无度；

- 吸毒；

- 易怒；

- 消沉；

- 压力过重。

但你还是会惊讶于人们因为工作不顺而出现以上这些行为的频率。不错，可能他们确实经历了糟糕的一天，但反过来说，这也仅仅是一天而已。你必须学会转移注意力，放轻松，不要钻牛角尖，享受生活，目光要放长远。

　　培养一项爱好，开始新的生活。工作是为了更好的生活，生活不是为了工作。不要把工作带回家，要学会果断说不。把家庭放在第一位。多花些时间陪陪孩子——他们长得太快了，如果你一味埋头工作，就会错过他们最宝贵的童年——相信我，我见证了自己孩子的成长，时光飞逝如斯，甚至让人觉得恐惧。虽然有时候你会觉得时间很慢，很难熬，但它转瞬即逝，永不复返——就在你整夜埋头处理文案或是腾出周末参加某个无聊至极的会议时，时光已经偷偷溜走。

　　这只是一份工作。

> 你必须学会转移注意力，放轻松，不要钻牛角尖，享受生活，目光要放长远。

第六篇

融入群体

　　没人会喜欢一只黑色的绵羊，一只白色的乌鸦，或者是一条与鱼群游往不同方向的鱼。本篇中的法则将教会你如何融入群体，成为"他们中的一员"，而不是一个扎眼的局外人。你或许会脱颖而出，成为那只领头羊——因为你更优秀、更高效——但你依然是"我们中的一员"，因为你深谙游戏规则，懂得如何"融入群体"。

法则 58
了解企业文化

每个公司、企业、行业，甚至小小一间办公室，都有自己独特的文化。了解这种文化，你就拥有了优势，也拥有了通向成功的钥匙。知识就是力量。

所谓的企业文化就是人们做事的方式。这种文化可能是公司主导的，但更多时候还是由人们创造出来的——它自然而生，未经谋划。假如你不了解这种文化，或是不懂得如何利用它，你就会被当成傻瓜，轻易被人利用或小觑。

要记住，所有被辞退的人当中，大约有 70% 都不是因为无法胜任工作，而是因为不了解企业文化——他们没有融入其中。

我们以一家著名的设计公司——BMD 公司的招聘广告为例。在公司老板布鲁斯·马（Bruce Mau）进行员工招聘时，他会出一份包含 40 道题的测试，其中包括"谁拍了一部全片画面都是蓝色的电影？"（顺便说一下，答案是德里克·加曼）

布鲁斯为这次招聘打出的标题是"跨越藩篱，避免平庸"。通过这种方式，他吸引到了当时最顶尖、最具天赋的设计师来为他工作——或者说和他工作，因为他更愿意这样形容自己与员工间的工作关系。

那么，你认为布鲁斯所期待的公司文化是什么样的？你能否适应？你认为布鲁斯会如何看待你？

你不必全盘接受某种企业文化，你不必去信仰它，你要做的只是适应和融入。如果大家都喜欢打高尔夫，那你也跟着一块去。我知道你讨厌高尔夫，但你还是得去，如果非得这样才能融入他们。当然，你可能会对自己发出质疑，对打高尔夫这件事发出质疑，但如果你是一名法则践行者，如果你渴望晋升和成功，想要成为这家以高尔夫作为企业文化的公司的一分子，你就必须去。

> 你不必全盘接受某种企业文化，你
> 不必去信仰它，你要做的只是
> 适应和融入。

法则 59
使用企业的语言

　　融入群体，意味着你要遵循企业文化，而使用企业的语言是其中一个重要方面。如果你用错了术语，或是弄错了场合，你就会露出马脚。如果你周围的每个人说话都像个技术狂，那你也必须和他们使用同一套语汇系统。不，现在不是讨论你对这家遍地技术狂的公司有没有归属感的时候，那是你凌晨辗转难眠，独自反省的时候要做的事儿。

　　如果你的老板喜欢用"员产率"来表示"员工生产效率"，那你开口闭口也必须是"员产率"。你的工作并不是对他们进行教育或再教育，也不是去启发、提醒、阻止或是指导些什么，他们不用你拉扯，也无需你挽救。你只要记住自己必须使用他们的企业语言。我知道你有时候可能会抓狂，但你必须这么做。

　　我曾经为一位意大利老板工作，他的英语很不好，常常把"顾客"和"客户"这两个词混在一起，最后说成了"顾户"。但因为他是老板，这个荒谬的表达就成了公司的通用词汇，从总经理往下，大家都用它来指代客户。我也可以站出来大喊："不对，不对，这个词是错误的，不能再这样用了。"但这样做对我有什么好处呢？在我工作期间，人人都在说"顾户"，我每次听到都很难受。但我知道有这条法则，所以我也跟着大家这么说。

花些时间去听听你办公室里使用的语言。大家说的是标准英语还是地方方言？我指的不是口音，而是像"顾户"这种每个办公室不经意间沿袭的表达习惯。我曾经有一位美国同事，他总喜欢说别人"像墨西哥人那样努力工作"。这就是他认为的政治正确。当然，这其实大错特错，还带有歧视色彩。但他是公司老板，所以"墨西哥人"这种说法就沿用下来，虽然这个词极其错误又讨厌，但它至今还在使用。

本条法则唯一允许破例的场合，就是当人们说脏话的时候。法则教我们绝不说脏话，但如果公司的文化就是人人出口成"脏"，你要怎么办？答案依然是：不说脏话。这种情况下，法则 42 凌驾于法则 59 之上。

> 如果你周围的每个人说话都像个技术狂，那你也必须和他们使用同一套语汇系统。

法则 60
衣着相机而变

我说过你要穿得优雅、整洁、有格调。但假如你在一家设计公司工作，大家都穿着 T 恤和牛仔裤来上班，你该怎么办？如果是这种情况，你也应该换上牛仔裤，还得保证你的牛仔裤要最整洁、最有型、最时髦——不，不，没让你熨到没有褶，我的天！

看看别人是怎么穿的。如果会场上每个人都脱了西装卷起袖子，你也要照做。如果会议很正式，大家都捂得严严实实，你也一样要穿好。我知道这听上去再简单不过，但在会议上放眼望去，你一定会惊奇地发现总有人穿得像是跑错了场子——而这个人就会被大家排挤在外。

某种程度上说，我们都需要融入群体，把自己伪装起来，以免招来不必要的关注。很显然，如果是你的老板把西装脱了，那你跟着照做就是。但你别像个克隆人一样，不管别人做什么都不假思索地有样学样。不论考究还是随意，这里我们探讨的都是一般情况下的衣着选择，并非适用于每一种情况和场合。

我一直觉得，与其去做第一个跟屁虫，不如先静观其变，看看别人怎么穿。不要操之过急，前面或许是万丈悬崖，而不是升职的机会；又或许不过是一个底下没有池水的跳板。

还有个有用的法子是找一个榜样作参考，设想他们会如何行事如何穿着。在我的一大半职业生涯里，我都把加里·格兰特（Gary Grant）作为榜样。每次我只要问问自己："加里会这样穿吗？"如果答案是会，那我就这么穿。如果答案是不会，那我就脱下来。看，多简单。你也可以试试汉弗莱·博加特（Humphrey Bogart），但最好是他在《卡萨布兰卡》（*Casablanca*）而不是《非洲皇后》（*The African Queen*）里的造型。

即便公司的文化是休闲随意，你还是可以花点心思。不幸的是，我们英国人最不擅长的一件事就是穿着随意。我们没有那个环境，穿不了 T 恤、短裤、夏威夷花衬衫和纱笼。不过我们在体面扮靓上倒是很擅长。

> 不幸的是，我们英国人最不擅长的
> 一件事就是穿着随意。

法则 61
人各有异，随机应变

只要你应付得来，做条变色龙也不坏。人各有异，如果你老是一视同仁，很可能会把大家都惹毛，至少也是没法让所有人满意。

倘若你本就为人父母，理解这条法则就容易得多。假如你家不止一个宝贝，你一定明白区别对待有多重要。每个孩子都需要不同的激励办法。有的小家伙很好办，你只要稍稍做出失望的样子就成；而另外那些，单是让他们早起穿戴整齐这件事就会把你逼成十足的大魔王。

我家有五个男孩一个女孩，所以每个都得区分对待。有时我偶尔忘记，一套道理照搬，他们就无比诧异，甚至觉得感情受到了伤害。面对每个孩子，都需要用不同的、特别的、他们各自专属的方式交流。作为经理人，对下属而言你的角色就如同父母，必须将他们作为个体独立对待。

我曾经自己导演一出大戏，假装大发雷霆，就为了一桩芝麻大的小事能够照我的意思来。那个让我大动肝火的家伙显然被我吓到，立刻妥协告饶。换作现在，很多老板压根不会容忍这种做派，我早就被扫地出门了。

在我做总经理的时候，我一直觉得只要处事亲和，就一定能让团队发挥出最大效用，但总有那么几个古怪的员工不买账。他们牢牢抱定老一套的观念，觉得老板必须是个十足的混蛋，对他们呼来喝去颐指气使，而我却总要询问他们的感受和意见。这些人无法适应，我也就只得板起面孔才能得到他们的回应——萝卜青菜各有所爱吧。

你必须随机应变，随时待命，相机而动。完美的经理人在哪里都会左右逢源。检视自己与人相处的模式：不论对象是谁，事态如何，你都始终如一吗？你能随时顺应局势轻松做出改变吗？锁定周围的那些成功人士，观察他们如何与人相处。

> 完美的经理人在哪里都会左右逢源。

法则 62
维护老板形象

如果你的老板形象好，就表示你的部门形象好，同时也会为你加分。这个道理应该很明显。让我惊讶的是，总有许多人喜欢在背后批评自己的上司，或是随时准备让他们背锅。

我知道，你的上司可能是个傻瓜，没有一点商业头脑，难以相处又过分苛责，他们的交往能力糟糕透顶，压根不知道如何管理部门，也毫无诚信、天资或手腕可言。假如真是如此，他们的形象实在需要你竭尽所能去操持。

可说真的，很少有那么糟糕的老板。话说回来，没有谁是完美无缺，但那不是重点，只是常识。维护老板形象对你好处多多，而让他注意到你只是个时间问题。

当然，有老板在场是最好，但在他们身后挺身而出，不吝赞美，让大家注意到他们的长项，给你带来的好处只会更多。这会让其他的高管印象深刻，不久话就会传到老板耳中，他们很快就会知道是你告诉大家他们如何精密控制展会预算，如何谈妥那笔大生意，又如何鼓励团队，振奋士气，最终完成这样出色的一次汇报。

这种忠诚度会让其他的经理人称道，也有助于你巩固自己的部门，建立强大的团队，不但会吸引大家的注意，还会感染到每个人，包括你自己。不过，如果你的老板真的把事情做得一团糟，我也不会教你撒谎。我只是建议你在他们把事情办砸的时候尽量沉默，而在他们头绪清楚的回合不妨多多宣扬。

当然，为了团队合作，有时候你和同事们也需要坦诚交流对老板的看法，务必确保自己只在十分必要的情况下才发表负面评论，并且一定要公正客观。比较明智的做法是，你可以承认老板常在最后一刻才提供你需要的信息，但你的语气一定要平淡切实，而不是恶毒讽刺。

这种忠诚度会让其他的经理人称道。

RULE 63

法则 63
知道在何时何地消遣

　　总有些重要场所是那些有头有脸的大人物们在工作和闲暇时候聚会的选择。你得查实这些所在，善加利用，作为自己获取信息、结识要人、崭露头角、制造影响力的重要渠道。工作之外，大老板们都需要一个放松的地方，可能是某间让你最后敲定生意的高尔夫会所，也可能是某家当地的酒吧、餐厅或者俱乐部。不管是哪一种，不管在哪儿，你的任务就是找到它。千万别贸然跑过去出洋相，你得探查清楚，准备停当，确保自己在去之前对一切都了然于心。去这家餐厅用餐有没有什么着装规范？要成为那间高尔夫会所的会员需要先在候补名单上排队吗？这家酒吧喜欢人们单独前往还是携伴？那家俱乐部入会容易吗？你是否不用四顾观望，就能过去和那些老板们玩在一起？这些地方能让人觉得你只是不经意"路过"吗，还是大家会一眼识破你是在刻意守候，伺机行事？

　　这一条操作起来得格外谨慎，不过你需要了解他们会面的场所，估量自己打进这些圈子的可能性。很可能你压根就不会去，这也没关系，但如果大家突然谈到这些地方，你得熟络应对，表现得很在行——知识就是力量。

　　上班的时候，主管们可能喜欢聚在咖啡机或者复印机旁的某条过道上聊天，你得保证自己总能"恰巧"路过。让大家记住你的脸，记住你的名字。

在一些正式场合，老板们可能喜欢逮个空出来抽支烟，即便你不好这口，也还是要跳出来加入这帮老烟枪。如果他们在赴会之前都喜欢去酒吧晃一下，你就得保证自己已经先到一步，这样就不用再找借口加入了。

让大家记住你的脸，记住你的名字。

法则 64
掌握社交规则

RULE 64

　　每家公司和每个工作场合都有自己的社交规则，需要我们掌握应用。有些可能很简单，例如：

- 绝不把伴侣带去员工宿舍；

- 休假时也要出席员工会议；

- 绝不把车停在总经理家属的默认停车位上；

- 探望生病的同事份子钱给五十，生日二十就够了；

- 喝咖啡不点果酱甜甜圈，因为那是西维亚的专属——过去是，将来也是；

- 当面管总经理叫"查尔斯"，面对其他同事称"查理"，面对项目管理人员称"查尔斯先生"；

- 午餐时不妨点杯葡萄酒，啤酒则不推荐。

　　你可能永远都不知道这些不成文的规定是怎么来的——有一回老板被一个啤酒喝多了的员工胖揍了一顿，以后午餐就不见了啤酒；还有一回一个初级经理的老婆和他调情，他险些上道，弄得场面很尴尬，从此家眷就不能去宿舍了。

　　当然，也有些社交规则显而易见——西维亚很喜欢果酱甜甜圈，她又是那种有手段有魄力、为达目标不管不顾的人——

所以对你来说，最要紧的是要理清规则、默默归档，而如果你不想在社交场上有什么重大失礼，就还是记下的好。

我曾经在一家公司上班，在那里只要是工作日就不准喝酒，午餐时来杯啤酒都不行，白酒更是绝对禁止，我也不明白原因。我很乐意遵守这个规定，因为我本身不喝酒，但还是有些困惑。后来我终于知道原委，公司曾经有个财务经理每天下午都要在办公室打个小盹，而其实并没有，他每天中午的确都喝得不少，但下午都忙着损公肥私，小心地一笔笔往自己的账户上挪钱。最后他终于被抓包开除，而从此以后就多了这条不准饮酒的规定——另一条是办公室不准关门。

当然，也有些社交规则显而易见——
最要紧的是要理清规则、默默归档。

RULE 65

法则 65
别去否定他人

好啦，这次午饭时间大伙又去了酒吧，你讨厌那样。你讨厌那里的噪音、气味，还有关于昨晚电视的废话连篇。

但你要和他们说这些吗？不，千万别。你得融入其中，成为他们中的一员。即便没有真的在场，你也得让他们认为你在那儿，所谓人不在心还在嘛。这很简单，你可以随便找个借口开溜，如要去商店、看个朋友，或者去趟健身房。

别去否定他们打发午休时间的方式，这会让大家觉得你格格不入。也别跟他们说你要待在办公室加班赶工，他们只会认为你在邀功。但你可以声称要去商店，然后把车开到一个舒服的地方停好，点杯饮料，配个美味的三明治，再打开自己的笔记本电脑。你可以在这儿做完那些额外的活儿，但没必要让他们知道。

别去跟他们说什么中午喝酒有碍健康或者工作的话，告诉他们你一会儿就来，让他们先玩着，"帮我点一杯"。这样一来，你并不需要真正做什么，大家也会接受你是"自己人"。只要别去指手画脚，你就会被接纳。

也许大家约了周二晚上打保龄球，这时候你不能说"保龄球不是呆瓜才玩的吗"，你得说"喔，周二晚上吗？可是那天我恐怕得陪母亲大人看电影呢"。又或者你可以放下自尊，丢掉你的那套标准和反感，真的去一次。谁知道呢，也许你会玩得很开心。最要紧的是，你需要融入这个团体，别让同事们觉得你不以为然。这才是明智之举。

别人如何消磨时光、如何花钱、如何生活，都不是你该关心的。聪明人专注在自己的轨道上，不去管别人选哪条路。所以，你得专注于自己的目标，别去管其他人的方向。这样，你很容易就会停止那些无谓的评判。一旦你做出评判，你就将自己定了型，很难再灵活变通，也很难去根据环境腾挪转变。而当你评判他人的时候，反过来你自己也被划上标签——那可不好受。

> 聪明人专注在自己的轨道上，不去
> 管别人选哪条路。

第七篇

先人一步

　　如果你想要升职，最好现在就开始练习。本篇会教你如何养成目标职位的言谈做派、待人处事以及管理风格。如果你看上去就像已经升职了，那么就很可能成为现实。

RULE 66

法则 66
衣着先人一步

当我还是个经理助理的时候，我穿得也像个小助理。而当我想要升作经理的时候，我就开始研究经理们、总经理们怎么穿。我选择像总经理那样穿着，结果跳过经理一职，直接被擢升为总经理。每份工作都有它专属的风格。你可以选择自己想要从事的工作，而现在你要选择与之相符的穿衣风格，然后你就会得到这份工作，就这么简单。前提是你得确保自己能够胜任——没学会爬就要飞可不行。

在我的职业生涯里，我做过各种职位的面试官，算得上阅人无数，却依然会被人们面试时的穿着惊到。有些人穿得像是压根就不想要这份工作。我见过一些人过来应聘高级主管，穿着皱巴巴的西装，衬衫没烫，鞋子没擦，头也没梳就站在我面前。这种人——要怎么说才能不冒犯到各行各业呢——这种人给我捉老鼠我都不要。

同样在高管职位的面试中，我见过迟到的，弄错地点的，弄错时间的，弄错信息的，甚至明显把职务弄错的人。

我曾经负责招聘一批实习生，结果来了一批培训师——完全不是我想要的人。

不管你正从事什么工作，你都得把目光投向下一个职位，你这么做了吗？一旦你明确了下一个目标，你就得知道现在是谁坐在那个位子上。好好研究这些人。他们穿什么？怎么穿？风格如何？定位如何？有什么是你可以学到的？你能从现在就开始模仿吗？没错，我说的模仿，就是真的穿成那样，如果这些人每天都西装笔挺，你也得习惯。

没有什么比一边开始一份新工作，一边改换一种新的穿衣风格更糟糕的事了，大家很容易会发觉你的领口太松，或者鞋子太紧，款式太古怪，又或者这种风格根本不适合你——因为你总是在那里拽裙边，整领带，浑身不自在。

你可以选择自己想要从事的工作，而现在你要选择与之相符的穿衣风格，然后你就会得到这份工作。

法则 67
言谈先人一步

你的上司如何与人交谈？我猜，你也想升到他们的职位，不然的话，你想要哪个职位？还是说我一直在这儿瞎扯？说吧，你的下一个目标是什么？就让我们先从顶头上司开始，你的上司如何与人交谈？

我要先解释一下我说的"交谈"是什么。不是他们的发音或者腔调，不是指他们的表达，而是谈话的内容，他们在说些什么。我敢打赌你总是以"我"的立场在说话，而你的上司则更常用"我们"，你大概总是以雇员的角度发表意见，而他们则是代表公司在发言。

你的职位越高，越不能有下列表现：

- 废话连篇；

- 无聊八卦；

- 赌咒骂人；

- 讨论昨晚的电视节目或者其他与当前工作无关的话题——上司大多趋于专注，不愿浪费时间；

- 信口开河——上司一向考虑周全，三思而后言（至少优秀的人都是如此）。

所以，如果你想在言谈上先人一步，你就得更加审慎，尽量讨论工作相关的议题，多说"我们"少说"我"，保持专注和活力，保留自己的私人空间——上司可不会闲聊或者八卦自己的社交生活。

我想你得学着扮演成年人的角色，和其他同事说话的时候，就把他们当作小孩。这样你才能会学会超然，稍稍抽离出原来的圈子，变得成熟、负责、可靠、谨慎。

我说超然，并不是教你傲慢。我相信你见过许多主管犯这种低级的错误。在工作中，傲慢没有立足之地。傲慢就是自大，假装自己很重要，而超然则是略微抽离，置身事外，因为你的经验、技能和天赋而高人一筹。

> 保持专注和活力，保留自己的私人空间——上司可不会闲聊或者八卦自己的社交生活。

法则 68
行动先人一步

现在你已经有了先人一步的衣着，先人一步的谈吐，还得在行动上也先人一步。我知道这要付出很多，太辛苦，也太困难，可谁说成功是容易的？我可没有。事实上朋友们，我从这本书一开始就告诉你，这条路非常艰难，比做好一份普通的工作更艰难。成为一个法则实践者，意味着你要付出更多的努力，关注更多的细节，投入几倍的劳动，但回报也同样斐然。其实当你谙熟这些法则，你便自动具备了晋升的资格——每个法则践行者都理当被升职。这算是某种自我实现的预言吧。去践行这些法则，需要强大的品质、毅力，决心、诚信和勇气，还需要经验、才能、奉献精神、干劲、胆识和魅力。如果你具备这些特质，无论如何你都会脱颖而出。

接下来，在行动上先人一步。观察你的上司走进办公室的过程，注意到什么吗？仔细看他们如何回电，如何与下属交谈，如何招待客户，如何握笔，如何挂起外套，如何打开办公室的门，乃至如何坐立——总之你要巨细靡遗。我打赌你会发现他们的一举一动都与众不同，和那些普通科员、维修部、业务部、市场部，还有公关部的人都不一样。

要行动先人一步，你就得做到以下几点：

- 对自己更有把握；

- 更成熟；

- 更自信。

你最好看上去温和圆融又久经世故，千万别神气活现气势汹汹。举个简单的例子，你有自己的办公室吗？别人进来前需要先敲门吗？你会怎么说？是温和地招呼他们"快请进"，还是简单的一声"进来"？职位越高，就越没有时间浪费。你会越来越老练机敏，也越来越胜任这份工作，你没时间闲扯，也懒得周折措辞，一句简单的"进来"最为简捷。你需要变得简捷，这就是秘诀。

> 去践行这些法则，需要强大的品质、毅力、决心、诚信和勇气，还需要经验、才能、奉献精神、干劲、胆识和魅力。

法则 69
思考先人一步

我们刚刚谈到简捷。思考上先人一步也是一种简捷。别把时间浪费在以下这些问题上。

- 这会不会耽误我的下午茶？

- 这样我还能去度假吗？

- 我是不是还得加班？

- 这样做我有什么好处？

相反，你要考虑的内容如下。

- 这样是否对部门有利？

- 公司是否能从中获益？

- 我们这些上司能以此说服员工吗？

- 我们的客户会满意吗？

明白了吗？看到重点了吗？你要开始从老板而非员工的角度来思考问题，从公司的立场出发，而不是想着捍卫自己芝麻绿豆的利益，你要做到以下几点：

- 目光长远；

- 纵观全局；

- 参与规划；

- 引领方向；

- 投入实施；

- 不要置身事外。

我想，这些法则会教会你如何实现自我、独立思考、自食其力。如果你已经做到这些，那么你不再需要这些法则；如果还没有，不妨一试。

你要开始从老板而非员工的角度来
思考问题。

法则 70
关注公司事务和问题

我们说过，要站在公司而不是个人的立场上看问题，现在你还得更进一步：不管是自言自语还是和亲近的同事聊天，都只谈及公司的事务和问题，你得让大家觉得你已经是管理层中的一员了——见法则 74。

我还记得出版第一本书时，自然非常紧张它的卖相——封面的设计好吗？质感好吗？气味好吗？有一天，市场经理再也受不了我关于每个芝麻细节的没完没了的电话轰炸，终于对我直说："这不过就是几罐豆子，亲爱的，几罐豆子而已。"当时我没懂他的意思，所以他又用大白话给我解释了一遍。一本书就是一件产品，如一罐豆子一样放在架上销售，也许有人买，也许没人要，这取决于诸多因素，而作者不过是其中小小的一环，根本无从掌控。例如，这本书摆在架上哪个位置，旁边有无同类书籍竞争，天气好坏，折扣大小，诸如此类。所有这一切，外加一些意想不到的缘故，像是封面的颜色，都会影响到销售。身为作者，我的工作是拿出书稿，接下来就得思考公司事务相关的问题了，比如说，每个结算周期要卖出多少罐豆子？每罐我的版税抽成是多少？下一罐豆子怎么做？是不是可以改卖意大利面？

问题乍一出现时，人们很容易站在自己的角度去想问题，担心个人的利害。一旦你跨越到公司层面，很容易就会停止这种想法，开始以公司的立场思考全局。我不是教你做公司的傀儡任由摆布，事实上，你可以开诚布公、坦诚己见，如果有什么不对，应该直言相告，前提是你是从公司而非个人的立场做出判断。

如果公司启动了一个新流程，要立即考虑到这对客户，而不是对你的影响。

如果公司启动了一个新流程，要立即考虑到这对客户，而不是对你的影响。

RULE 71

法则 71
让公司因你而更好

想要在组织里赢得声誉，皆大欢喜的方法就是提出一个能让全员受益的建议，而不是只造福自己或者自己所在部门。

举个例子，我曾在一家公司工作，公司里设有意见箱，大家都认为这只是个摆设，谁都不相信有人会拿它当真。直到有一天，一位大家都叫不出名字的女员工忽然往里面投了一封极其简单的建议书。她建议公司的所有信函都应以平邮标准寄送，除非有充足理由才能投寄快件，在这之前，公司的所有邮件都默认快件，花费不菲。

这恰恰就是我所说的这类建议，原因如下：

- 建议直截了当，无需复杂说明；
- 人人皆可实行，无需组织成本；
- 操作简单；
- 为公司节约大笔花费。

这就是你要追寻的理想状态：简单、普适、明确、立竿见影。你可以想见，当这位默默无闻的女员工赢得管理层的一致赞赏和认可时，我们其他人有多羡慕，而她的确当之无愧。

所以好好检视下自己的工作，看看能不能找出一件让大家都受益的事。例如，想个办法让某件事的成本更低，效率更快，效果更好？或是和大家共享（或是开发）某个资源？事实上，本条是法则 4 的延伸，只不过这回你做的这件事也能让同事受益，比如，把大量散落的信息汇总到一处，方便大家查找，又或者是编制一份内部通讯指南，这样各部门都可以拿来培训新员工。

我相信你已经领会到了重点：如果你找到某条让大家可以共享的便利途径，那么每次大家用到这些途径，都会归功于你。这就是意义所在，真心帮助他人，你就会成就自己。

> 能不能想个办法让某件事的成本更低，效率更快，效果更好？

法则 72
多说"我们"，少说"我"

曾经有位上司问我们，你们为谁工作？答案五花八门：

- 为自己；

- 为家庭；

- 为银行理财经理；

- 为自我期许；

- 为老板；

- 为管理层；

- 为公司董事会；

- 为客户；

- 为国税局；

- 为政府。

每个答案都被他客客气气地否决了。最后他解释道，我们都在为股东工作。没错，就是股东。所以，赶快去买点公司的股票，这样你就是为自己打工了。从现在开始，你要把挂在嘴边的"我"都换成"我们"。

现在你也是股东了，所以在讨论公司流程时，你要考虑的是这对我们股东——而不是他们员工（当然不久前你也是那边的员工）影响如何。

如果你出席会议，要记得多说"我们"少说"我"，这表示足够的成熟（还有冷静）。

你可以说："如果我们要推行这项新流程，我们必须先评估下级员工的反应。"而不是："我觉得新流程糟透了。"

你可以说："我们应该先花点时间讨论下展会的事。"而不是："我很焦虑，那个该死的展会还剩两个礼拜就要开幕了，我还什么都没准备。"

> 如果你出席会议，要记得多说"我们"
> 少说"我"，这表示足够的成熟
> （还有冷静）。

法则 73
付诸行动

好了，现在万事俱备，只差行动。不论你的职场目标是谁，职业期许为何，你都要全力做到。这不是有样学样，而是一种训练。如果不能付诸行动，你将一事无成。

要记住我们从一开始就说过的——你得有真本事，你要能够胜任这份工作，并且把它做好，这是底线所在。如果你没办法做到，还是趁早走人。

这些法则不是写给那些信口开河或者装腔作势的家伙的。法则的读者是那些真正勤奋不懈、有才能、肯努力、有天分，准备为之努力、为之奋进的人。

仔细研究你的理想岗位。现在是谁坐在这个位置上？想象一下，他们正干着你的活儿。你觉得他们做得怎么样？试着评价下这些上司们的工作，就像他们以往评价你一样。别去抱怨，也别急着吐槽——相反，你要认真检视他们的错误，从中吸取教训。看看他们哪里做错了，确保自己以后不会重蹈覆辙。好好学习他们做得出色的地方，从现在就试着学学他们的那些妙招。

如果你真要付诸行动，你得从现在就端起那个范儿，从穿着打扮到言谈举止，再到你的应对态度都要研习。要顾全这些，你得认真投入时间完成这四步计划：

- 观察；

- 学习；

- 实践；

- 贯通。

如果你有把握做好这四点，你的事业已经起飞。当然，整个过程中你得留心别让任何人知道——就像做好每天的例行工作一样。这命令是不是很严格？当然了，谁说会容易来着？

> 不论你的职场目标是谁，职业期许
> 为何，你都要全力做到。

法则 74
行为举止像一个成熟职场人士

当你表现得像一个总经理时，人们就会接受你是个总经理，而当你表现得像个办公室小职员，人们也会把你当作菜鸟对待，那么，我们要怎样才能让大家形成这些信念呢?

- 要自信果断，谈吐成熟："不错，这点我们可以做到。我会确保我们很快就有进展。"

- 如果你穿了运动鞋运动衫来上班，就别指望说话还能像西装笔挺时那样有分量。

- 如果你开口闭口都是"我"，还把每个问题都绕回到对自己的影响——"我没法在午休时间加班，我有休息的权利。"不如多用"我们"，多站在公司的观点看问题，想想怎样才对整个组织最有利——"我们得同心协力。我很乐意中午加班，帮大家解决掉这个问题。"

- 如果你聊的都是前一天的电视节目、去哪里度假、周末如何消遣这一类话题，自然会让人觉得初出茅庐无足轻重，但如果你多去谈及公司的议题，例如，部门未来的计划如何，本次加息会对接下来几个月的生意有什么影响，你要如何应对欧元汇率的变化等，给人的印象就大不一样。

总而言之，你得让人觉得你是个举足轻重、而非无关紧要的人。要认真、成熟、稳重。这并不表示你要变成奇葩、书呆子、苦力、好好先生或者讨厌鬼。你还是可以和人谈笑打趣、快活取闹，兴高采烈地过生活。你要为自己打造一个成熟而风趣的形象。你得让人们对你形成以下印象：

- 了解工作；
- 经验丰富；
- 态度认真；
- 可靠负责；
- 值得信赖；
- 身在其位。

所以你大可闲庭信步，一派圆融镇定、优雅持重，只在合宜的时候发声，确保在得到目标职位之时，你已能妥当驾驭。

要认真、成熟、稳重。

法则 75
为再下一步做准备

抱歉，你还不能懈怠。你已经是一个法则践行者，就必须坚持下去——没有假期，没有休息，不能中断，也不能想着坐下来喝喝咖啡、发发呆。你只要埋头干活。好啦，我知道你已把目光投向了下一步，你的下一个职位。好极了，但那之后呢？再下一步是什么？你的下一个目标又是什么？

在获得下一次晋升之前，你应该已在为此演练——如果现在都没准备好，又要等到什么时候呢？如果你熟谙游戏规则，总会有跳过一步、破格晋升的机会。我并不是建议你要以此为目标，但你得做好准备，以备万一。

当然，你得有长期和短期计划，这样你才能绘制出自己的职业道路，知道自己在这场宏大征程中要经历的每一步。即便是现在，你也要让人们觉得你已是赢家，你要扮演好下一个职位的角色，言谈举止间都俨然已经升任主管。与此同时，为你的再下一步规划做演练也没有什么坏处。

让人们觉得你是个当主管的材料绝对不是坏事。一旦大家习惯把你当作一个职场新秀，你自然就成了职场新秀。而如果你衣着随意、言谈琐碎、做事敷衍、浑浑噩噩地打发时光，你也很快会被当成这类人——然后就待在原地别想出头。

环顾下办公室，看看自己能不能看出谁是浑浑噩噩的苦力，谁是忙忙碌碌的工蚁，谁又是勤勤恳恳的劳模？再仔细看看，这回能不能看出有谁已崭露头角，有谁正举足轻重，有谁野心勃勃，又有谁精力满满？你能分辨出其中的差异吗？现在你明白自己该怎么做了吗？有没有看出一个道理，你扮演哪个角色，最终就会成为那个角色？你可以吗？

不管你正为哪一步做准备，你都得确保你做的每件事都出自真心，值得投入。我曾经和一位年轻人共事，他在当时也被视为职场新秀，正积极地为下一步做准备。他每天上班都会拎一个公文包，而其他同事都不会，因为没必要。麻烦的是有一天，这个叫雷的年轻人不小心把公文包掉在地上，里面的东西在众目睽睽之下散落一地：装的不过是几块三明治、一份报纸和一串钥匙。这让他颜面扫尽，在场的各位也很尴尬，大家都觉得不是滋味。所以谨慎起见，尽量往自己的公文包里塞点干货吧——千万别让类似的事情在你身上发生。

一旦大家习惯把你当作一个职场新秀，你自然就成了职场新秀。

第八篇

讲求策略

　　圆融的法则践行者往往能在企业职阶上迅速攀升，因为他们每个人都是外交家。他们从不挑起争端，而是平息争斗。他们也不是骑墙派，而是尽力弥合修补。他们是镇定剂，大家都习惯向他们寻求建议和指点。只要你在任何情况下都能保持客观评价，为人处世都公正无私，你也会成为人们眼中的外交家。

RULE 76

**法则 76
用提问化解冲突**

设想一下你在开会，议题的讨论渐趋白热，有人开始犯呛，主席又不能很好地控制场面，史蒂夫和瑞秋似乎都要忍不住去掐对方的脖子了，这时候你要怎么做？提问。提问可以让冲突双方将注意力转移到一些细节上，继而缓解当下的紧张局面。你无需去制止冲突，这也不是你的活儿。但你可以居中调停，这会让你引人瞩目，也赢得同事的尊重。

你转过头去问史蒂夫："你这么确信新的发票流程在你们部门不可行，有什么原因吗？"如果瑞秋还是继续开炮，你就对她说："麻烦稍等，我真的很想听听史蒂夫的理由。"这样你就表明了没有偏袒任何一方，只是在化解当前的局面。听完了史蒂夫的解释，你再转向瑞秋："既然你确定史蒂夫是错的，跟我说说理由吧！"

很显然，你已经接替了主席的角色，成为真正控制局面的头脑，这需要兼具手腕和聪敏。

诀窍就是：你转向交战双方中的一员，问一个简单的问题。别去询问心理层面，像是"你怎么会有这种感觉呢""能把生气的原因给我说说吗"以免被人带进坑里。提问，是为了让他们关注那些需要解释的层面。这样，他们就不得不移开敌视的目光，思考该如何回答你的问题，而怒气也随之消散，你也证明了自己的处事手段。

如果其中一个当事人脸上血色渐褪，面色转白，你就千万别掺和了——脸变白表示他要动手打人了，而脸红就还只是摇摆不定。

如果会议主席能有效控制场面，也没你的事——当然，如果争端已起，很明显做得还不够，但如果他们已经在努力收拾局面，就会反感你横加干涉。

如果你个人已被牵扯进这个问题，不论原因如何，都不要跳出来说话。

提问通常会让人们把注意力从争论的大题目转移到某个细节。除非极为恼火，否则他们一定会顾全礼貌，起码会试着解答你的问题。

> 提问通常会让人们把注意力从争论的大题目转移到某个细节。

法则 77
不要站队

一旦你站了队，你就会卷入争端，所以你必须保持绝对的客观，坚定地站在正中。无论如何都要保持中立，否则其中一方就会把你归到对面大加谴责。不管矛盾的焦点是什么，你都要做到以下几点：

- 目光放长远；

- 从公司角度看问题；

- 保持中立；

- 保持镇定；

- 讲求策略；

- 绝不站队；

- 保持独立。

你表现得越是超然，就越有机会与高层共事。如果你怀抱成见加入讨论，又妄自站队，很可能因此树敌，让人觉得鲁莽。

麻烦的是，有时候争端发生在你的某位朋友和另一位不那么亲近的同事之间，朋友一定会找上你，试图把你也牵扯进来："看在上帝的份上，理查德，告诉她我是对的好吗？"

你千万不能被拉下水。这时候你一定要举起双手以示防御，直接说："别扯上我，如果你们俩没办法心平气和、理智地解决这件事，我只能让你们各自回自己的办公室了。"这样一来你就做到了以下几点：

- 用玩笑缓解了紧张的气氛；
- 表明自己比他俩职位都要高；
- 保持不被牵连；
- 没有站队。

> 无论如何都要保持中立，否则其中一方就会把你归到对面大加谴责。

法则 78
知道何时保持沉默

有看法很简单，每个人都有自己的观点。问题在于要清楚何时该保持沉默，何时该勇于表达。大多数人都不知道什么时候该闭嘴，是因为他们都觉得自己的意见具有以下特点：

- 有价值；

- 有受众；

- 很重要；

- 能扭转局面；

- 能让他们显得聪明 / 智慧 / 卓有成效；

- 能为他们赢得认同 / 爱戴 / 关注。

显然，所有这些都不是你会发言的正当理由。你会表达意见的唯一原因，是你被要求说出观点。如果有人要你发言，你大可以把想法说出来；如果没有，就闭上嘴巴。

你要三缄其口，等对方诚意征询才发表意见。你要说的东西很重要，不要浪费时间随意发挥，不要信口开河，也不要坐在那里高谈阔论。你必须做到以下几点：

- 理清观点，胸有成竹；

- 学会清楚、精当、准确的表达；
- 要让你的观点听上去不只是观点，还是可以执行的切实方案。

想要让自己的观点不那么空泛，而更像可被接受的事实，你要做的就是将它当作事实陈述。不要说"我认为我们该"如何，还要说"我们该"如何。不要说"我觉得设备 ZX300 性能优良"，而要说"设备 ZX300 性能优良"。

所以要避免这几类表达：

- "我想……"
- "我觉得……"
- "我以为……"

你会表述意见的唯一原因，是你被要求说出观点。

法则 79
善于调停

有人被惹毛了。你没被牵连进去，一切与你无关。这都不重要，重要的是你是那个抚平大家怒气的人：

- 帮大家泡杯茶；

- 安抚某些人的自尊；

- 消除误会；

- 寻找契机；

- 让双方握手言和（重归于好）。

如果导火索是某位上司训斥了职员，你要做的是安抚那个职员，让她振作起来。上司则要区别对待。最好的调停办法是用沉默表达不满——替他们倒上一杯茶，一言不发。这样，你就表明了你并不赞同他们的做法——也因此比他们高阶，因为你不会犯类似的错误——也并不怕触怒他们。你只管保持沉默。

如果这一步处理得当，他们就不得不问你，你对他们方才的行为——不论是发作、呼喝，还是对某人的大加训诫——有何观感？这时你只要回答"我实在没什么资格评判，对吧"，而他们一定会表示"你的意见对我很重要"，或者"不，我想听听看"，又或者"没关系，说说你是怎么想的"，不管他们如何措辞，你已经赢得了他们的认同。

现在你可以施展你的调停才能了，你已经扭转了局面。只要说："你处理的很好，崔西确实有些颠三倒四，需要有人去说说她。"不管你怎么说，切记不要直接批评上司处事的方式。可以让他们知道你并不赞同，但绝对不能当面承认。

要记住，你的工作不是去搅动波澜，而是顺势而为。在调停的过程中，你也在职场平步青云，同时也在借此收获友情、团结敌对的双方、赢得尊重。

居中调停有点像制止小孩子打架，你不在乎是谁先动的手——不，你压根不想知道——也不在乎原因。你也不想知道任何细节，谁掐了谁一把呀，谁又咬了回来呀。你想要的只是恢复和平，让两边握个手，重新做回好朋友。而在职场上，这就是你想要的结果。把这些对付小孩的办法用到工作中去吧！

> 不管你怎么说，切记不要直接批评
> 上司处事的方式。

法则 80
永远别发脾气

我不在乎市场部的皮特有多么讨人厌，还有研发部的桑德拉是怎么取笑了你把你惹毛，也不想听你说账目又是一团糟，害你的血压飙得有多高——任何情况下你都不能发脾气。就这样，没有例外，没有通融，也没有漏洞可寻。你绝不能发脾气。

当然除非你是为了做效果，故意演这么一出。这时候是可以的，但你必须非常小心，谨慎选择合适的时机、场所，还有合适的对象。

如果不是演给大家看，就绝不允许。我不管这些人把你惹得有多毛，他们有多讨嫌，也不管你有多少正当理由，发脾气就意味着失控，而法则践行者的一大特质就是控制力。

那么，要怎样才能以静制动？如何才能学会冷静规矩？很简单。抬起头望向天空，严肃点。你会发脾气，是因为你被牵扯其中，因为你在乎，因为你也是问题的一部分。如果你把焦点转移到更高层次的问题，像是公司利益这样的老议题，你就能轻松地以一种新的眼光去看待原先那些困扰你的问题了。

另一个解决办法是直接离开办公室，或是会场，或是随便哪里。你只要说一句："我受不了这种状况了！"然后走人。这样通常会引起震动，也就达到了目的。

在你静默不发时，试着从一数到十。

不发脾气，不代表你就不能发泄情绪。你完全有权说，"我要烦死了，你怎么能吃光巧克力饼干 / 弄丢发票 / 得罪那位重要客户 / 把车停在总经理的车位上 / 虚报零用开销"——不管是哪种行径把你逼疯，直说就是。

你可以拒绝情感勒索，拒绝霸凌，对过度自信和怨念的人说不，但千万别压抑自己的情绪。如果你觉得委屈，你就要立刻说出来，才能改善局面。不要让情绪汇聚澎湃，否则你很可能会爆发。要让它一点点疏散，才不会走到死胡同。

> 如果你觉得委屈，你就要立刻说
> 出来，才能改善局面。

法则 81
对事不对人

同事的某些行为可能会引来麻烦或是有损部门利益，但这和他们本身是什么样的人无关。另外，这些行为只会影响到部门利益，不应对你造成困扰。要想记住这点，可以参考美国父母在教育子女时的一个全新观念。他们会说："她并不是淘气包，只是干了件淘气的事儿。"有意思。再听听这句："他是个好孩子，只是这件事做错了。"

这就是本条法则的核心：对事不对人。你应该关注的是同事们的行为，而不是他们本人。

你可以批评的内容有以下几条：

- 他们做事的方式；

- 他们的时间观念、工作态度；

- 他们的动机；

- 他们的沟通技巧；

- 他们的长期目标；

- 他们的工作重点；

- 他们对部门流程的熟悉程度；

- 他们对企业政策的认同度；

- 他们的人际沟通技巧；

- 他们的工作效率。

但你永远不可以指责他们懒惰、愚昧、一无是处、撒谎、行窃、卑鄙下流。不，绝对不行。或许他们需要接受重新培训、重新定岗、再教育或是新的激励机制，但千万不要真的跑去告诉这些人你对他们的真实看法。如果你对同事进行人身攻击，最坏的结果是你自己惨遭解雇；最好的情况也是失去大家的敬重和友谊。

对你的上司也是如此。你可能会觉得他们一无是处、能力欠缺、腐败堕落又愚蠢至极。但你能直接这么说吗？不能。即使是一般同事，你也不能直言不讳。还记得我们之前说过，你要站出来维护那些菜鸟新人、落魄同事和大家都不待见的人吗？没错，对待上司也要如此，不论发生什么事，记得替他们说好话，永远要做到对事不对人。

> 如果你对同事进行人身攻击，最坏的结果是你自己惨遭解雇；最好的情况也是失去大家的敬重和友谊。

RULE 82

法则 82
平息他人怒火

有时候你免不了会惹到人。事实上，作为一个法则践行者，即使别人不清楚你在做些什么，也很可能会对你不爽。如果你事事争先、卖乖扮酷，谁会喜欢这样神气活现的家伙呢？他们可能会针对你，把你当成靶子。你要如何才能平息这些人的怒火呢？

首先你要了解，愤怒分为两种：

- 正当的愤怒；
- 策略性的愤怒。

所谓正当的愤怒，就是指具有正当理由。你开车时不小心轧到别人的脚，他们当然要发火。这时候你要怎么做？你必须下车向他们道歉，并且要诚恳。不要推卸责任，更不要狡辩，说什么这没什么大不了，不要小题大做，想当初你一条腿都要叫人扯掉了，你也没放在心上——这只会更欠揍。不要试图解释模糊焦点。别想着把整件事一笔带过——"我还以为你会觉得荣幸呢，毕竟轧到你脚上的是辆顶级的阿斯顿·马丁呀。"最后，看在上帝的份上，拜托你千万别笑。

正当的愤怒需要一个处理结果。如果你确实做错了，就认真听对方说话，因为是你惹毛了他们。让他们告诉你，你错在哪里，然后诚恳道歉，再想办法补救。向对方表示同情——你也许没办法答应他们的诉求，但仍然可以让对方知道你能体会他们的感受。不要对他们的情绪无动于衷——他们的怒气理所应当。

而策略性的愤怒则完全是另一回事。它的目的是迫使你去做一些你不愿做的事。人们通过发脾气来威胁你。而最糟糕的结果就是，你让他们得逞了。如果你屈服一次，他们就会一而再再而三，不但对你，对其他人也是一样。所以你必须立刻制止这一切。你要做的，就是简单说一句："我不喜欢别人叫嚣 / 威胁 / 恐吓 / 欺负我，如果你再不停止 / 冷静 / 放下拳头 / 松开我的脖子，我就立马走人。"

如果他们不肯罢手，你就马上掉头离开。就是这样。什么都不必说，只要离开就行。几次下来，他们会学乖的。

> 看在上帝的份上，拜托你千万别笑。

法则 83
捍卫自己

任何人都无权以任何形式对你进行欺凌、威胁、叫嚣、打击、恐吓、嘲笑、迫害或折磨。你只是一名员工，如果你没做好分内的工作，他们应该把你带到一旁，平和理性地指出你的错误。除此之外的任何行为都是逾矩。

你有权对这些不当行为说不，有权以同样平和理性的态度要求他们立刻停止，否则你一定会用法律武器和他们死磕到底。你必须知道何时应该捍卫自己。

当然，如果他们只是开个温和的小玩笑——对周围人都是如此——你就不能甩手走人，再去宣称自己遭受了不公平解雇。如果你的上司偶尔骂你几句——他们对其他员工也是一样——那么即便他们的行为有些颠倒，你也不能借此就要求欧盟人权法庭将他们绳之以法。若有同事对你说，如果你再敢用他的打孔机，他就给你一巴掌，你也不可能真指望上议院接你的案子。我们讨论的是真正过分的行为，而不是忙忙碌碌的职场生活中那些寻常的打打闹闹。

解决问题的办法之一是向对方公开发问。这样做可以避免自己也像对方一样暗中伤人，落下行事不够光明正大的话柄。如果你当着其他人的面发问，你就把对方晾在了众人的焦点之下，这会让他们觉得不自在。下次他们要是再想找你麻烦，就得三思而后行了。你也可以在会议当中礼貌发问："为什么上周的会上你没把这些告诉我？这些信息对我而言非常有用。"然后你别说话，压力就转到了对方这边。你还可以开门见山："你这样说话明显是让我难堪，你为什么要这样做？"这么一来应该就能阻止他们的龌龊行径。

捍卫自己首先要设立标准，就像在沙地上划出一条界线，告诉别人，"我能容忍的极限就到这，过去就不行"，或者"这件事我可以忍，别的不行"。

捍卫自己必须态度坚决，挑明你的底线："我无法接受你们把我关小黑屋的行为，我会向工会代表 / 老板 / 警方 / 健康与安全委员会 / 我妈报告这件事。"

如果遭遇欺凌，你更要坚持强硬的立场——"我绝不接受这种待遇，我绝不接受这种待遇，我绝不接受这种待遇。"但不要发脾气，否则他们会觉得自己得逞了。你只要转身离开。

捍卫自己必须态度坚决。

法则 84
客观处事

在工作中，如果你觉得受到了陷害、欺侮或折磨，你可以有不同的选择：

- 转身离开；

- 报告领导；

- 勃然大怒；

- 默默忍受；

- 果断处理。

要如何处理这些棘手的局面，完全由你自己决定。不过在你行动之前，你得先思考一下你的长期计划。如果履历中有了"不公平解雇"或"变相解雇"这一项，会对你的职业生涯造成什么样的影响？我并不是说为了职场顺遂就得忍受一切欺侮。我完全没那个意思。我只想告诉你要客观处事。

我曾经遭到过某个上司的恶意嘲讽。不知道为什么，他认为我就是他的一个玩具，可以随意对我呼来喝去，只要他高兴——说来也怪，他中午喝得醉醺醺之后总会想起我。那时我资历尚浅，没什么选择，我要么辞职，要么就跳过他向他的上司投诉，可他的上司又是他的死党，如果我这么干，就是不想混了。我仍然需要这份工作，还不想主动离职，所以我只能暗中谋划。有一回机会来了，趁一位重要的大客户在场，我给他使了点儿绊子，让他对我勃然大怒——什么嘲讽谩骂的话都上来了。

而他自己却浑然不知。那位大客户怒不可遏，二话不说把我的上司好好修理了一顿，说他应该为自己如此对待一名小职员感到羞耻。他还告诉我，如果再有这种事情发生，就直接告诉他，他立马换一家公司做生意——当时他的业务大约占我们整个营业额的七成。

我的上司被迫当着这位客户的面向我道歉，从此再也不敢对我放肆。不过我觉得自己被他盯上了，所以继续等待时机，直到他再度与人发生冲突，最终卷铺盖走人。我朝他眨眨眼，笑盈盈地同他挥手道别。

在你行动之前，你得先思考一下你的长期计划。

第九篇

了解体制

想要晋升，就必须熟知内情。本篇法则会教你如何了解公司体制并为己所用、从中获益。这些法则甚至能让你在某些方面超越管理层，因为你比他们更了解公司的运作。

法则 85
知道如何称呼每个人

 不错，你得知道每个人的称呼，但这并不表示你也要使用这个称呼。我敢说卡特勒先生老早就把我忘了，很多年前我当过他的助理。后来他换了个地方做事，打电话邀请我和他一起加入新公司——薪水更高——我同意了。

 在我去新公司上班的第一天，他就告诉我："叫我卡特勒先生。"不可能，原来我都叫他彼得，所以现在我还是要这么叫他。不过不着急。公司里还有好几位助理，都等着认识这位新老板：卡特勒先生。他不就希望大家这么叫他吗？等所有人都到齐之后，我觉得时机已经成熟，就叫了他一声彼得。

 当着这么多同事的面，他也不好打断我，而大家当然就觉得我与他的关系非同一般。从此再没人跟我提"卡特勒先生"这档事，而因为我管他叫彼得，我就成了"资深"助理。一个称呼里包含了什么？太多信息了。

 你得记住大家都称呼财务部的那位女士为罗宾逊太太，而不是玛丽，虽然她就叫这个名字，而且她也没有你资深。那为什么不能叫玛丽？因为她不喜欢这个称呼，而且她负责发放薪水支票。我听说有些人的支票无故不见了，或者晚了好几天才拿到手，或者到手的金额比预期的要少许多——这些人都不小心叫过她玛丽。

我曾经和一位行政经理共事，因为某些奇怪的原因，大家都叫他"桶哥"。说来话长，你还是不要知道这个名字的由来为好（相信我，你不会想知道）。整个高层的人都当面叫他"桶哥"，董事会成员也这么叫他，秘书处的人也这么叫他，但其他人都得叫他泰勒先生。有一回我看见一个年轻人不小心叫了他一声"桶哥"，他立刻勃然大怒。为什么有人可以叫他"桶哥"，而其他人就不行呢？我不知道原因，但我和他的关系确实有些微妙。严格来说，他是我的上级，虽然只是职位略高一点。但我那时对权力极其渴望，总想控制一切。我从来不叫他"桶哥"，因为我不喜欢他。对我而言，他就是泰勒先生。为什么？因为这样做可以拉开我们之间的距离，也让我和其他高管区别开来。我故意站开，"桶哥"永远无法靠近我，无法成为我的"朋友"。我玩起了高冷这一套，最后我成了公司的总经理，而他变成了我的下级。成功了？是的，不过这种胜利毫无意义——我当时并没有像现在这般严格遵循法则行事——我选择了辞职，去迎接新的挑战，开拓新的领域。

> *"叫我卡特勒先生。"不可能，彼得。*

法则 86
加班无益，该走就走

这仿佛是一条潜规则：如果你想升职，就得在公司待到很晚，因为大家都很晚才下班。可事实是：不动脑子的人才待到很晚，游手好闲的人才待到很晚，庸庸碌碌的"工蚁"们才待到很晚。法则践行者们想回家就可以回家——所以他们难免会比别人下班都早。

早上几点该到办公室也是一样的道理。谁说你必须很早就到？没人说过。这也是我们需要了解的另一条潜规则，可以好好加以利用。

早到晚走的目的，是让别人"认为"你在和大家一样努力工作。而一般到了最后，人们只会觉得你在随大流，无所事事，而事实上你无需如此，你比他们要出色得多。只要你在规定时间内完成分内工作，就不必留下加班。

如果你观察过那些励志演说家，你会发现他们在向你或者其他听众提问的时候，总会把手举起来。他们给你做了榜样，所以你也会很自然地举起手，因为场上已经有一只手举着了。有点傻是不是？但只要你们中任何一个人能在合理的时间下班回家，其他人也会跟着照做。你不走，只是因为别人还没走，我们管这叫"出勤主义"，这是现代办公室生活的魔咒。我们都以为其他人在观察我们，就像我们在观察他们一样，我们都等着看谁会第一个打破规则，起身下班，然后招来老板的怒斥。

但事实并非如此。第一个下班的人不会失去任何东西，只会解放我们大家。拜托你赶快下班吧，这样我们都自由了。

你会担心错过些什么，这很正常。但如果我们生活得精彩又有趣，我们就会知道最重要的是自己的人生，那些留下来加班的人才是在现实生活中错过最多的人。

有人认为提前下班，或踩着点下班，会引来不必要的关注，让我们显得像是逃避工作的人。但如果我们落落大方、坦然离去，人们就不会这么想。假如我们蹑手蹑脚、专走后门或夹着尾巴溜进夜色，就会引来别人的反感。所以你干脆挥挥手嘱咐一句："最后一个走的记得关灯。"我不知道这样说是否恰当：如果他们在工作上和你一样出色，也大可按时完成工作早早下班。你可以好好想想。

> 你会担心错过些什么，这很正常。

RULE 87

**法则 87
分清偷窃和揩油**

　　什么东西可以带回家？钢笔？回形针？订书机？怎样算是揩油？怎样就成了偷窃？你必须通晓这条规则，因为如果你想抓住某个人的把柄，这招很有用——有些人会觉得，只要没有明文禁止，什么东西都可以带回家。留意他拿了些什么，默默记在心里，也许哪天会有用。当然，你自己什么都不要拿。

　　我听说过这样一件事：一位新来的总经理开除了一整个部门。因为所有的员工都把办公软件的副本带回了家，在这位总经理看来，这就是重大盗窃。那些员工家里的电脑都装上了最新版的 Windows 操作系统还有 Word 和 Excel 软件，但这样做的结果就是大家集体走人。

　　这是盗窃吗？已经不重要了。他们被开除了。哪怕有一个人知道不该这么做，他们就可能幸免于难。哪怕有一个人了解新来的总经理对揩油的看法，他们可能仍在正常上班。

　　在你往自己的口袋里装东西之前，先想想这样做是否值得。这几支钢笔的吸引力真的那么大吗？在你找到下一份工作之前，你能靠卖笔来养家糊口吗？

　　我们刚刚讨论过办公室里不成文的规定，可能有一条就是你可以适当揩公司的油。假如你选择不去拿，你要确保自己不被贴上"乖宝宝"或者"好好先生"这类标签，以免被大家排斥。即使你什么都不拿，你也要融入到群体当中。要让老板知道你不是个贪小便宜的人，同时也要让同事们觉得你和他们是一伙的。

你要小心使用免费电话和网络连接。这些虽然不能拿回家，但未经允许乱打电话仍然算作偷窃。办公室的电话很可能会被监听，所以千万别做这种事。

虚报费用可能是办公室文化的一部分。如果你不这么做，很可能会引起其他人的警惕。那要怎么做呢？你还是得光明正大、实报实销，但你也别去检举你的同事。要问问别人的意见吗？还是打电话和朋友聊聊？这样做看似不会造成什么后果，但作为一名法则践行者，你不能容许这样的行为。你最好先提前告诉同事，他们想做什么都可以，但你不会参与这些违规的行为。如果你有言在先，而他们仍然一意孤行，那就不能怪罪于你了。

在你往自己的口袋里装东西之前，
先想想这样做是否值得。

法则 88
熟知最新管理技巧

你绝不能停滞不前，不能躺在过去的功劳簿上，对自己放松要求。任何时候只要你有所松懈，就会有人趁机赶超你。

你必须与时俱进，跟得上最新的管理技巧，听得懂热门词汇，知道总裁圈时下在讨论什么。想要站在行业的顶端，就得对本行当季的术语谙熟于心。举个例子，假如大家都在用"人力资源"这个词，只有你还在说"人事部门"，那你就过时了。如果董事会已经把客户需求定为业务核心，而你还陷在物流的坑里出不来，那你看上去就是个傻瓜。

我并不是说你必须在工作中用到这些新技术，但你必须要知道它们，否则你就落伍了。你可以在开会时和自己玩个猜词游戏：每听到一个新鲜表达就积一分，积满十分就可以跳起来大喊一声"耶"！这样你就不会打瞌睡。

你一定听到过很多毫无意义的奇怪表达——如"蓝天"到底是什么意思？在"我们必须蓝天这个产品"这句话中，它的意思可能是"勇于尝试和创新，不应自我设限"，但也有可能是"我们就是一群装腔作势的人，想要扮酷，实际上却让人觉得蠢到家"。

如果你要用新词，就尽量别让自己显得很蠢。当然，前提是你得知道这些词的意思。

另外，你得了解最新的管理纪律，以及这会给你带来的影响。在谈论管理技巧的时候，尽量别显得跟不上时代。例如，在我那个年代被叫作"后勤"的部门，现在已经被称作"供应链管理"了——当你读到这本书时，也许它又有新的名称了。

你还得了解这些热点词汇各自的优缺点，这样当有人问起时，你就可以从容应对。市面上应该有一种教人吹牛的管理类书籍才对，不过据我所知目前还没有，所以你必须有大局意识，把这条法则贯彻到日常计划之中。因为在一天的工作结束之后，你所面临的是一片全新的领域，而拓展自己核心业务的最优方案就像是连锁效应。如果你不能消化这些新知识，跳出固有的思维模式，就会被挡在决策圈外；而如果你能善加运用，就根本不用调整目标，也不用大费周章硬碰硬或是暗中搅局，还能和那些头号人物结交。所以你尽可大胆探索，只要守住质量的底线就好。

> 在谈论管理技巧的时候，尽量别显得跟不上时代。

法则 89
了解话外音

当你的上司说他希望改善一下客户关系，让你们都去学学如何微笑时，你要读懂他的话外音。这和微笑没有任何关系。事实是他马上就要接受考评了，所以你们都得精神一点儿，看上去要有动力、有干劲、有热情。

所以你们得全员出动参加这门课程，还要努力领会，练习如何微笑。为什么？你的上司才不在乎你是否对客户微笑，他在乎的是部门考评的时候能不能大放异彩。

其实，在工作中遇到类似事情的概率比我们想象的要高。我曾经主动报名参加一门关于工资系统和复试记账的课程，每周一都要去学校上课。我的老板以为我爱学习、有上进心又热情满满。没有的事。我就是想逃掉周一的班，因为那天我们全部人都得整理档案，而我对此深恶痛绝。去上学就成了脱身的好机会。

对任何人、任何事，你都要思考一下前因后果。我不是让你变成妄想症，没人要陷害你。你要做的只是关注事件背后的真实原因。虽然这可能和你一点关系都没有，但找寻真相的过程会很有意思。

我曾在某位领导手下做事，他总是最后一个下班，我一直觉得他兢兢业业、无比勤勉。直到他因为诈骗被逮捕，我才顿悟原来他一定要留到最后的原因是为了做假账。亏我那时不明就里，还一直很敬佩他的干劲。

你要多问自己几个问题。

- 这件事为什么会发生？
- 我是不是忽略了什么？
- 谁会因此受益？
- 他们如何受益？
- 是否还有其他事情发生？
- 我能否从中受益？
- 我如何受益？

记住我说的，别变成妄想症，但要弄清事实。

> 你的上司马上就要接受考评了，
> 所以你们都得精神一点儿。

法则 90
领会企业宗旨

在美好的过去，一家企业的宗旨不外乎是"赚更多的钱，赢得股东的认可"。但现在不一样了，如今企业的宗旨往往要复杂得多。如果你想在职场有所建树，就必须了解并领会企业的宗旨，再尽力为己所用。适时引述几句——如果你表现得够真诚，真的在为公司利益考虑——能够为你在老板面前加分，不过如果老板本人对这些宗旨不屑一顾，或将其视作废话一堆，那你最好闭嘴不提。

企业宗旨通常都很容易理解——迪士尼的宗旨是"给人们带去欢乐"，沃尔玛的宗旨是"让普通百姓也能买到有钱人买的东西"——但要想真正领会其中内涵，你必须读完全部细则。例如，迪士尼的宗旨看似简单，但其实还有一系列的"价值宣言"，其中包括：

- 不愤世嫉俗；

- 注重创新、梦想和想象力；

- 引导并宣扬"一整套美国价值观"；

- 高度重视一致性和细节；

- 传承并掌控"迪士尼魔力"。

如果你觉得以上诸条——假设你就是迪士尼的员工——对你毫无用处，那么你就不配自称为"法则践行者"。想象一下你会从中获得多少乐趣。想象一下如果在开会时随便引用几句，你会展现出多大的影响力。如果你不赞同某人的提议，你就完全可以说这与企业的宗旨相悖。多么聪明的做法！这就像是西班牙宗教法庭——我们的武器取之不尽、用之不竭。

有些企业的历史愿景非常宏伟，直到今天我们依然能继续挖掘其中的价值。

- 福特（创立于 20 世纪初）——福特让汽车大众化。
- 索尼（创立于 20 世纪 50 年代）——立志成为扭转世人对日本制造低劣印象的标志性企业。
- 波音（创立于 1950 年）——立志成为商用飞行器的主导者，将世界带入喷气机时代。
- 沃尔玛（创立于 1990 年）——到 2000 年实现销售额 1250 亿美元。

> 适时引述几句——如果你表现得够真诚，真的在为公司利益考虑——能够为你在老板面前加分。

第十篇

应对竞争

　　假如公司有一个晋升名额，一共有五位候选人，你要如何识别出竞争对手？又怎样让自己脱颖而出？本篇将教会你如何识别出竞争对手——也就是你的对手，再指导你如何光明正大又无需借助手段心机，一样成为老板最偏爱的下属。事实上，如果你能将本篇法则运用到炉火纯青，你甚至能让对手心悦诚服地举荐你先他们一步晋升。

法则 91
不可背后伤人

竞争中有一件事绝不能做，就是背后伤人。绝不能用不正当的手段打压对手。你可以适当润饰自己的才能和技巧，通过强调自己的优点或是凸显对手的不足，巧妙地影响管理层的决策；你可以暗示、建议或者旁敲侧击，但你不能公然、直白地宣称对手一无是处。你要明白，要想赢过他们成功晋升，是要让管理层注意到你有多出色，而不是指出对手有多糟糕。

以下事情绝不能做：

- 言语中伤；

- 背后使坏；

- 诽谤诋毁；

- 造谣撒谎（参见"法则 48"）；

- 泄露机密信息，影响对手胜算；

- 窃取资料；

- 偷窥、刺探或监视对方。

以上都是你不能做的事。那么你可以做些什么？以下是你可以做的事：

- 动用一切关系，调查对手实力；

- 针对高层需求，强化自身优势；

- 强调自身优点，突出个人专长——不能说对手不合格，但务必让高层清楚你绝对够格；

- 向高层展示超出他们预期的其他才能，凸显你与对手的差距。

> 竞争中有一件事绝不能做，就是背后伤人。

法则92
了解升职心理学

假设公司内部出现了一个职位空缺。你非常向往这份工作，它符合你的职业规划，顺便又可以加薪，何乐而不为？你具备相应的专业知识、经验和能力。你觉得自己应该申请一下。一切看起来都很完美。但究竟什么才是决定性因素？评判的标准是什么？

你可能会觉得，一个职位有了空缺，那么只要人们具备了相应条件，都可以胜任。但什么是相应条件呢？噢，我知道你会说以下几点：

- 经验；

- 能力；

- 专业知识。

是不是胜券在握？听上去你也是一个完美人选。但事实恐怕并非如此。有些事情远比你所想象的要复杂。例如，这个职位出现空缺的原因可能是以下几点：

- 总部要求设立这个职位，但你的经理并不想招人；

- 你的经理已经通过非正式渠道确定了人选——这个职位

私底下已经有主了；

• 该职位裁撤在即，只要暂时找个人补缺，半年之后一并裁员；

• 这次招聘就是走个过场——当职的同事提出辞职，但公司最后一定会挽留，现在只是在薪水上牵扯；

• 这次招聘就是为了开除某人，他们会把职位交给一个完全不能胜任的员工，然后以此为由将他开除，因为目前找不到合适的理由；

• 该职位就是总经理为了他的亲信／情人／朋友／亲戚／敲诈者而设。

我并不想泼你冷水，只是希望你知道，即使名义上你是这个职位的不二人选，但他们仍然有一万种理由让你落选，甚至能找出一万种理由不让你应聘。你必须明白这一点。你要研究每次升职机会背后的心理学，事实可能与表象大相径庭。别让自己被表象所蒙蔽。

你要研究每次升职机会背后的心理学，事实可能与表象大相径庭。

法则 93
不要泄露太多信息

以下这些事情，最好对任何人都不要轻易泄露：

- 你要申请公司内部的新职位；

- 你要申请公司外部的新职位；

- 你在考虑辞职；

- 你在考虑申请加薪；

- 你想调换工作时间；

- 你是一名法则践行者。

不要向任何人泄露你正在做的事。这看上去有点像自我炫耀——真正的法则践行者从不炫耀任何事，永远保持一颗谦逊的心——还可能招来别人的闲话，我们都清楚这条法则，不是吗？事实是，哪怕你只告诉过一个人，事情也会宣扬开来。因为那个人会告诉他最亲近的朋友，他的朋友又会告诉各自的朋友，以此类推，直到有一天你被老板叫进办公室，当面质问你为何下周一就要离职，而你不过是在食堂偶然和苏珊说了一嘴。一旦你泄露了自己的想法，你就可能面临以下局面：

- 被人以讹传讹；

- 招来谣言、闲话，授人以柄；

- 在竞争中落入下风；

- 过早向管理层泄露信息。

你甚至不能自言自语。把想法藏在心里，你就不会错到哪去。你的想法完全取决于你自己。当你打探消息的时候，如果有人问你原因，你就编个理由搪塞过去。这不叫说谎，而是转移他们的视线。你绝不说谎，但你可以谨慎行事、迂回前进、别出心裁、不走寻常路，让别人摸不透你的心思。

假如有人直接问你是否在申请某个职位，你可以轻描淡写地回答："噢，想想而已。"谁知道这表示申请了还是没有？记住绝不说谎，如果你确实在申请，就不要硬说"没有"，否则真相一旦来临，你就会被戳穿。

> 把想法藏在心里，你就不会
> 错到哪去。

RULE 94

法则 94
不要对别人明褒暗贬

我们所做的一切都发自内心，真诚坦荡。除非你发自内心，否则就别去赞美别人。当然，你可以表面上夸赞一个人，实际上却阴险地给他下个绊子，这样的打击方式的确很简单。你也许觉得这样做很聪明，其实不然。你的把戏会被人一眼看穿，然后你就会被永远打上了"浅薄、恶毒、冷血"的标签。切记，不说好话就闭嘴。也许你认为你可以用花言巧语来包装你的那些坏话，但其实你做不到。以下这些言论要坚决禁止。

- "噢，我觉得比尔太特别了，他是个独立思考的人，能够跳出框框，有创意，又会随性发挥。"

而你真正要说的是：比尔是匹独狼，还有点精神问题，让他组织个小茶话会都不放心，更别说把整个部门交给他了。

- "比尔是个意志坚定的人。他从不计较成本，追求细节完美。他的决心非常人所及。他看重的是结果，无论过程如何。我很欣赏他不仅能看到一个项目的商业价值，还能看到它所产生的社会效用。"

而你真正要说的是：他连自己的钱都管不好，更不要说公司的钱了。

- "比尔真是个会玩的年轻人。他知道如何放松和享受。我
  很崇拜他的酒量，像他这样能喝的人还真不多。他特别
  无拘无束，充满青春活力。"

而你真正要说的是：比尔是个酒鬼，野性难驯，不能把员
工托付给他管理，他的心智还停留在青少年阶段。

- "我们不能把比尔留在办公室里。他太生龙活虎了。我们
  的办公室这么小，还不够他蹦跶的。我好羡慕他。每次
  我坐在这儿处理文案，都能听见他在外面和客户聊天、
  联络感情，真是太会营销了。"

而你真正要说的是：比尔的文案工作一塌糊涂。

不要给自己下这样的套，你的上级会一眼看穿。如果他们
为人正直，就不会欣赏这样的行为。

> 也许你认为你可以用花言巧语来包
> 装你的那些坏话，但其实你做不到。

法则 95
抓住职业生涯的转折点

在日常单调的工作中，不时会发生一些突发事件。这些紧急情况或是受人关注的时刻，就是你职业生涯腾飞的机会。这些机会包括以下几条：

- 面试的初选阶段；

- 你上班的第一天；

- 组织一次汇报；

- 组织一次展会；

- 主持一场重要会议；

- 负责员工培训；

- 处理一次危机；

- 与工会谈判；

- 参加健康和安全委员会会议；

- 担任首席助理；

- 组织专业团队；

- 负责高官、名人或显贵的来访安排；

- 编辑内部刊物；

- 与媒体打交道；

• 负责办公室的搬迁。

很多人在面临上述这些情况时会陷入沮丧和惶恐。"噢，不要，"他们会抱怨，"今年我可不想再去参加 NEC 的展会了。为什么又是我？天啊，为什么？"

而你不会，因为知道这条法则——这是一次职业生涯腾飞的机会，你正好借此大放异彩。世上没有糟糕的工作，只有糟糕的态度。

你要想尽一切办法，更加出色、新颖、顺利、高效地完成这类工作，并且要认识到，这是你展现能力的绝佳机会。

> 世上没有糟糕的工作，只有糟糕的态度。

RULE 96

法则 96
获得同事的友谊和认同

只要你严格遵循本书中的法则，你就可以做一个百分百的好人、讨人喜欢、自信笃定、心智成熟又不失风趣。但如果想要晋升，你需要得到同事的支持，获得他们的友谊和认同。否则，等着你的可能就是陷害排挤、诋毁打压乃至扫地出门。问题在于，你一面想尽办法往上爬，想要成为他们的上级，一面又如何赢得他们的友谊和认同呢？

你必须和他们打成一片，但同时又要保持一定的距离。你既要和羊群一起逃跑，也要和狼群一道狩猎。你既是"他们中的一分子"，也是领导层的预备军。

你可以和同事进行正常的社交，但别失了分寸、喝到大醉、乱搞男女关系或是卷进一堆麻烦里。你可以跟他们说笑，但别和他们一起度假。你可以倾听他们的烦恼，但别去开解他们说这些事都无关紧要。你可以在他们焦虑的时候给予支持和鼓励，但你自己必须保持冷静。你是他们的朋友、伙伴，同时也是他们的保护者。你得听他们发牢骚，听他们抱怨管理层和主管，但不要泄露你的真实身份——你最终会成为下一个主管。

你要在工作中帮助他们，让他们对你产生依赖。你得同时扮演好外交家、调解人、裁判、朋友和神父的角色。你要用自己的亲切和友好去赢得大家的爱戴。

你要成为他们的力量支柱、他们的依靠、他们的密友。你要让他们觉得自己与众不同，如果没有你，他们的人生会变得灰暗无聊。你要成为团队的核心和灵魂，你既是团队的缔造者，也是为团队解决麻烦的人。

要做到这些很不容易，但不是不可能。如果你和同事的关系能达到这种程度，那么他们一定愿意推你一把，让你成为他们的上级，跟随你的引领。而你，也因此成为一名出类拔萃的法则践行者。

你可以跟他们说笑，但别和他们
一起度假。

法则 97
勇于打破陈规

生活不会一直按照某种程式平稳进展，有时也会有意外事件发生。真正的法则践行者具备足够的信心、理智，他们沉着镇定，可以识别出这种时刻，并勇于打破陈规。

我遇到过许多杰出而坚定的法则践行者，他们一开始都是严格按照法则行事。在开始阶段，这是非常明智的选择。毕竟，另外一种可能是你过于自信，认为"我肯定能做到"，而事实却不尽然。没有人能够轻松应对所有的状况。我们知道应该做什么，但这并不代表那很容易做到，有的时候我们根本不知道何去何从。

所以在开始阶段，你应该严肃对待每一条法则，将其作为行事的依据。但当你越来越驾轻就熟，当这些法则已经成为你本能的一部分时，你就可以慢慢放松了。很多法则会变成你的下意识反应，你甚至无需思考。当你达到这种境界时，你就会发现在某些时候，仅仅是某些时候，其中的某一条法则其实并不适用。

当然你不能因为自己不愿去遵守某一条法则，就劝自己说这条法则并不适用。你必须保持清醒和客观。但当你的本能告诉你：是时候打破陈规了，你就该放手去做。

就我个人而言，我很少遇到需要打破陈规的情况。这不是每一天，甚至不是每一周会发生的情况（至少不会故意为之——当然，我不是完人，我常常回顾自己一天的工作，深感有些事可以处理得更好）。但我的确偶尔会打破某条法则。例如，法则践行者绝不在公开场合故意贬低他人，但我曾经两次打破这条法则，因为我看不得弱者受欺凌，我很高兴自己能挺身而出。

听着，最重要的是你的直觉。严格遵循这些法则，直到他们在你脑海中根深蒂固，成为你本能的一部分，然后你只要相信自己的本能即可。如果你时不时地回顾这些法则（不仅是本书中的法则，还有你在生活中遇到的其他法则），确保自己没有遗忘或是误解，并努力去理解那些难懂的部分，那么终有一天，你可以完全信赖自己的本能，它能为你提供的指导会胜过任何一本法则秘籍。

> 严格遵循这些法则，直到他们在你脑海中根深蒂固，成为你本能的一部分，然后你只要相信自己的本能即可。

第十一篇

权力法则

掌握了极简工作法则，你就可以进阶到权力法则了。我们先把基础打好，有了这些方法，你的职场生涯自然一路直上。本篇法则能帮助你建立权威，人们会聆听你的讲话，遵循你的指示。一个真正的领导者必须了解这些法则。

先别急——我们都是法则践行者。我们追求的不是支配宇宙、操纵万物的至高权力，我们也不愿踩着别人往上爬，把成功建立在他人的痛苦之上。我们的目标再平实不过：在我们知道怎么做才是正确、适当而且明智的时候，我们还要保证自己有能力做到。我们要通过自己的努力和成绩，踩着自己的脚印，而不是别人的肩膀到达职业顶峰。我们只要确保这一路不会因为缺乏指引而迷惘，也不用奋力挣扎才能让他人能听到我们的呐喊。

所以我写了这篇"权力法则"，它们能让人们听见你的声音、助你赢得赞誉、认可和追随。妥善运用它们吧。

法则 98
知识就是力量

　　每当人们提出自以为正确的主张时，总会碰到更大的权威。正如你发现的那样，问题在于很多时候人们自以为正确的事情其实是错误的。所以一旦你表现出对自己的观点、计划和决定深信不疑，而事实上别人又能看出你并没有自己想象中那么正确，他们眼中的你就成了一个狂热分子。你只会令更多的人注意到你的错误。

　　我有个从小一起长大的朋友，他的父亲是一位牧师。有一天我朋友在他父亲的书房里找东西，无意间瞥见了书桌上父亲写到一半的布道词。他饶有兴致地发现（还高兴地在朋友间传阅）父亲在页边的空白处写道："你越大声，你说出的话就越无力。"的确如此——只有在论点不够坚固的时候，你才会激动地想要说服别人。

　　真正的强者从来都不会情绪激动，因为他们知道自己的观点无懈可击。他们如何得知？因为他们事先做了充分的研究，检查了所有的事实，准备好了全部的论据，清楚地知道自己要说服的对象。他们知道谁可能会提出反对意见，理由是什么，并且准备好了相应的回击，所以他们能够做到处变不惊，让事实自己说话。

真正的权力看上去毫不费力。是的，这需要大量前期工作的投入，但如果你看起来就是一副焦虑、惊慌、情绪波动的样子，你就破坏了你在人们心中的权威性。你得看上去无比自信，而不是傲慢或自大（这两种情绪也是缺乏自信的表现），这样就没有人会质疑你说的话。

那么这种自信从何而来呢？来自你对于全部事实的了如指掌，你知道该如何回应那些质疑你的声音。随着经验的丰富，这一切也会越来越简单。就像我们出版社的那位出色的编辑，她知道什么样的书会受欢迎，什么样的不会。她总是有充分的理由，总是对当下趋势了然于胸，对行业脉搏把握精准，而且随着经验的积累，她似乎拥有了某种敏锐的直觉。过去的这些年，她一直在做正确的决定，所以大家都听她的。因为大家都知道，她懂的比绝大多数人都要多得多。

你不用等到积累完多年经验再开口。你可以坚持阅读、倾听、与人交流，直到你能确定自己懂的和其他人一样多，甚至更多。如果一个会议上只有你对新的法律章程有所了解，并且能够评论两句，你的形象立刻就会权威起来。如果你的"小道消息"能够改变团队的决议，那么团队里谁会是权威？当然是你。

所以，你要尽可能多地搜集相关事实和信息，为你的观点做好充分准备，并逐渐积累经验。这样当你沉稳自信地开口发言时，人们就会知道你说的不会有错。

真正的权力看上去毫不费力。

法则 99
学会转身离开

　　你一定懂得怎么砍价，对吧？你报出一个低价，对方也会稍加让步，你再往下压一点，最后你们在中间价成交——假如一切顺利的话。否则对方会拒绝你的最后报价，你只能转身离开，希望他们会追上来告诉你同意成交。当然，这其中的风险就在于对方不会。如果你又傻乎乎地回到店里，对方就知道你的购买欲要高于他的出售欲，你就让对方掌握了主动权。

　　想要让这套策略奏效，关键在于你必须下定决心转身离开，清楚地知道自己没那么想要这件商品，不会任由对方开价。如果他们没有追过来，你也能愉快地放手。

　　这种技巧不仅适用于商场和集市，也适用于所有的商务谈判，包括与你的客户和供应商交涉，也适用于要求加薪的场合，还可以用来协调下月的会议上大家各自担任的角色。当然这种谈判不会像集市上砍价那么直白——虽然也可以那么做——但两者的原理是相同的。如果你已经做好了转身离开的准备，你就掌握了主动权。例如，假设你已经想好了，公司若不给你加薪，你就辞职另谋出路，那你就行动吧。不要言语威胁，也不要发脾气，只要按照这个思路去做就好。如果他们同意了你的条件，那么最好不过；如果没有，你也不会不高兴。

　　注意，这一招只有在你确实已经准备好离开的情形下才会奏效。如若不然，这样做的风险就太大了，假如他们也做好了一拍两散的准备，真的就放你走了呢？你必须保证自己能够承受那样的结果。总而言之，当对方比你更在意协议的达成时，这一招是最管用的。在这种情况下，他们就把决定权交到了你的手里，所以你必须能够识别这种场合。观察对方释放的信号，保持内心冷静，如果有必要，你可以转身离开。

当然，作为一名法则践行者，你在离开的时候不能流露出轻蔑、傲慢或恫吓的表情。你只是安静地离开，礼貌地告诉他们，桌上的这份协议无法打动你，你很遗憾，但你仍然感谢他们抽出的宝贵时间。微笑、握手，然后离开。

现在难题已经踢给了他们。无论他们的决定是什么，你都乐于接受。最好的情况是他们重新加码，提出一些值得考虑的条件，但如果他们没有这么做，也不要紧。你可以重新找一份工作，换一家供应商，放弃这份销售合同，或者在会议上担任回原来的角色。

无论如何你都会发现，在转身离开时体现出的控制力帮你赢得了他人的尊重。这样做很有勇气，也能显现出令人称羡的自信。

> 当对方比你更在意协议的达成时，
> 这一招是最管用的。

RULE 100

法则 100
了解他人

　　你知道你的核心供应商去年去哪里度假了吗？你知道你的同事之前离职的原因吗？你知道哪些客户有孩子吗？你知道你的上司上次把工作搞砸是什么时候吗？你知道原因吗？你的直线经理最痛恨的事情是什么？如果以上这些问题你全都答得上来，那么你可以给自己颁个奖。

　　如果你想要让谁对你印象深刻，或想和谁竞争，让谁高兴，同谁签订协议，你都必须尽可能地了解他们。我指的并不仅仅是事实和数字（当然也包括这些），还有他们的好恶。他们喜欢什么，讨厌什么，害怕什么，他们的弱点和长项又是什么。

　　当然，我们都是法则践行者。我们不会挖掘别人的丑事作为要挟，也不会干敲诈勒索的勾当。这不是我们的目的。我们想要了解打交道的对手，挠到他们的痒处。只有这样，你才能呈交给客户一份他们真正需要的协议，才能在关键时刻帮到你的同事，而不是嘴里说着漂亮话其实根本于事无助。只有这样，你才能拿出一份能够吸引老板眼球的报告，才能说服你的经理采纳你的方案。

　　一旦了解了他人，你的工作推进起来就会比较容易。我曾经有一位同事，他所在的部门总是配备最新、最炫、最顶尖的设备。这就意味着他们总能发挥出最好的工作效率，他们也因此受到公司表彰。有一次我问他，既然他的上司如此注重规避风险，他是怎么说服她购买这些尚未在其他部门进行过测试的设备的。他悄悄告诉我，他的上司很怕落伍，所以每次他想要更新设备的时候，就会反复渲染，让上司觉得如果这次不投入，就会渐渐被其他部门甩开。最后，他成功转变了她的思维模式，让她从内心认同这些先进的软件和设备所带来的服务。换句话说，他运用自己的知识，不仅让自己获益，也让他的上司和整个公司获益。

要想了解别人，你就必须和他们沟通，倾听他们的诉说，从中发掘有用信息。先不要妄加评论。学会通过提问的方式，找出他们真正的忠诚、忧虑、热情、恐惧、满足和兴趣所在。

这样做既能造福他人，也能让自己受益。一旦你知道他们需要什么，你就可以为他们量身定制。你会赢得别人的尊敬，你的签单成功率会大幅上升，而同事们也会对你刮目相看。何乐而不为呢？

> 这样做既能造福他人，也能让
>
> 自己受益。

法则 101
树立影响力

人们很容易受到别人的影响。如果你各方面的表现都无懈可击，那么你就是人们眼中的那个人，你就能成为具有影响的人。

我想起自己 21 岁时做过的一份工作。那时我需要把一些比我更年长、更资深的人组织起来，让他们听从指挥。有一天我和其中一位成员聊天，无意间提到了我的年纪。他很震惊，不敢相信我竟然如此年轻。他以为我至少已经 30 岁出头了。我和他说："多谢了，我看起来真那么老吗？"他回答道："其实并没有。只是你身上有股威严劲，让我觉得你不小了。"这大概就是为什么大家都会听我建议的原因，这件事也教给我一条非常有用的法则。

你一定会问，那么什么事才能让你树立影响力？其实我们已经在"极简工作法则"中提到过一些，但说到底还是要让人觉得你有自信，哪里都是你的主场。无论你内心如何波动，脸上都要充满信心。勤加练习，效果会越来越好，很快你就会成为一名真正自信和权威的人。一开始你会发现你在日常工作中更有自信了，假以时日，你会发现即便在富有挑战性的场合——如约见客户、向高层汇报、公开演讲等，你也一样充满信心。

之前我们已经说过，要笑容完美、握手坚定、步伐自信等，但情绪也很重要。保持乐观——你可以有心情不好的时候，但你不能显露出来。想一想，你总不会比一国之君的权力更大吧，但你什么时候看到过英国女王不高兴呢？没有，对不对？她一定也会有心情低落的时候，但她表现出来了吗？当然没有。所以要向女王学习，永远保持乐观。

你的声音也必须充满自信，如果有必要，你可以多加练习。语速不要太快，但要掷地有声。你的用词也很重要。避免使用征询式的口头语，如"你觉不觉得"或者"你知道我的意思吗"这类表达。同样，学会直接陈述事实，不要在前面加一个"我认为"，或者更糟糕的（在工作场合）"我感觉"。你不是"认为"这些事实与方案相关，而是"知道"它们相关，所以直接陈述即可。

观察一下周围的人。想想那些有影响力的人具有的气质，研究一下为什么这些人会留给你这种印象。然后对照自己，哪些习惯可以强化，哪些必须戒除。也许在你还没意识到之前，大家已经信服于你了。

> 你可以有心情不好的时候，但你
> 不能显露出来。

法则 102
做个受欢迎的人

很简单的一个道理：我们都愿意找自己喜欢，而不是自己讨厌的人帮忙。我们都愿意帮助自己喜欢的人，而不是那些整日牢骚满腹的同事或从来不说"谢谢"的上级。我们更在意喜欢的人怎么看待我们——我们更愿意被我们喜欢的人所喜欢——不愿和这些人发生争吵或令他们失望。我们总想向那些受欢迎的人看齐，而不是向那些惹人讨厌的人看齐。

这一切都表示，如果你讨人喜欢，人们就会倾向于用以下方式对待你：

- 尊敬你；

- 赞同你；

- 听从你的指令；

- 对你说"好"；

- 支持你。

换句话说，他们愿意赋予你更多的权力。和他们所厌恶的人相比，他们更愿意追随你的领导。

记住，权力需要妥善运用、小心安放。不能欺骗他人的善意，因为最终总会被发现，而你会失去人们的喜爱，所以这种行为既不道德，也没什么好处。你不能等到需要别人帮忙的时候才去施展魅力，事成之后又换一副面孔。且不说你有没有这个手段，就算你真的心计深沉，也多半没有好结果。

你得一如既往地做受欢迎的人，细水长流。只有这样，每次在你需要帮助的时候，人们才会乐意伸出援手。我知道这听上去有点像耍弄权术，但只要你依照法则行事，你就会发自内心地想要表达对人的善意。所以，一切都只取决于你想不想成为这样的人。

如何让自己变得更受欢迎？很简单。首先你必须放下伪装，学会自然，做自己，保持开放的心态，养成一些好习惯，改掉一些坏习惯。哪些习惯要养成？待人友善、见到别人主动问候、赞赏他人的贡献、表达谢意、对大家一视同仁、关心他人、倾听他人的意见、乐于沟通、情绪稳定。很简单，不是吗？这些都是从小母亲一直教导你要做到的事。

有些习惯要改掉，如发牢骚、情绪失控、蔑视下级、剽窃他人灵感、议论是非，以及其他那些别人身上你不喜欢的特质。无论你生性害羞还是外向、紧张还是自信，这些要求都很

容易达成，因为它们只是行为规范，而非性格特点。人人都能
做到。

如果人们喜欢你，他们就愿意赋予
你更多的权力。

法则 103
认识自我

　　我从事过很多工作，但从本质上说，我一直都是个作家。不是那种杰出的文学创作家，只是一个对写作充满热情的人。我写作不全都是为了赚钱，或为了写给别人看——这些都不重要。在我的记忆里，写作就是我从不厌倦的爱好。

　　当然我还做过很多其他工作，其中有一些很不错，也有些很糟糕、很枯燥、没有成就感。但即便在从事一份我极为厌恶的工作时，我也清楚地知道真正的我不只是一个小文员，一名财务经理或其他什么头衔。在内心深处，我是一名作家。因为我深知这一点，所以无论在工作中遭遇什么挫折都不重要。我的老板们无法深入我的内心，剥夺我写作的热情。他们甚至都不知道我有这样的一面，没有触及到真正的我。

　　这给了我力量，因为我知道自己是谁，没有人能够改变。我不会绝望，也不会害怕，我就是我。无论在工作中有什么样的糟糕经历，我都会继续做自己，因为这份工作并不能定义我的全部。

　　有的人一旦失去工作，也就失去了自我。他们不知道自己是谁。这也是为什么有很多人在退休后没多久就离开人世的原因——工作给了他们人生的目标，定义了他们的存在，所以一且没有了工作，他们就不知道如何自处。你可以对工作怀抱极高的热情，但你无须把自己变成工作的一部分，要学会全身而退。保留一个工作之外的自我并不意味着你就不是一个称职的员工。

你不一定要当作家，你可以当个园丁、古董车收藏家、孩子的家长、老师或派对狂人。无论你从事什么职业、无论你是谁，你都要抓住内心深处那个真正的自我。即便你再热爱自己的工作，也难免会遭遇挫折。但如果你能将自我从工作中分离出来，它们就无法对你造成伤害。当你离开工作后，你依然是你，那么你就具备了超乎寻常的力量。这种力量会吸引人们的目光，即使他们不知道它来自何处。

这种力量源自你对自我的接纳和认知。随着年龄的增长，很多人会获得这种力量，但如果你不能牢牢抓住，它也会随着时间的流逝而消失。

> 当你离开工作后，你依然是你，那么你就具备了超乎寻常的力量。

法则104
工作出类拔萃

　　我曾经参与的一个项目突然很被看好，公司高层想要大规模施行，于是招了一批新人进来。由于我一开始就在项目中担任要职、公司很希望我能把项目推进下去，并确保这次全面施行的顺利开展。当时我和公司的合同即将到期，所以他们又为我拟定了一份新合约，好让我留下来工作。但由于一切都发生的太突然，所以当他们还在确认合同细节的时候，我们的项目已经全面启动了。

　　等我拿到合同的时候，我发现他们想要我为这个项目多干一整年，但我当时只打算再待几个月，等一切上了轨道就离开——我想做些更有挑战性的工作。我把想法告诉了他们，他们和我说，合同一年一签是公司的制度，没有商量的余地。但我知道在这个紧要关头他们离不开我，因为项目中的有些事情只有我才清楚。所以我（礼貌地）拒绝签字，除非他们愿意通融，和我签一份开放式的合同。后来怎么样呢？他们接受了我的要求，因为他们知道没有其他选择。

　　我们都知道地球离了谁都一样转，但有时候少了你就是不行。你越是不可或缺，别人就越得接受你的条件，因为他们不能失去你的热心、合作和参与。不是因为你很重要、很资深，只是因为你很擅长这份工作。

这也是权力法则之一。只要你把工作做好，你就能获得权力。当你工作得越来越出色，你得到的权力也会越来越大。你不必遮掩，不必隐瞒自己的工作诀窍。虽然这种隐瞒策略一样能为你赢得权力，但代价太高。你会失去同事的信任和合作；你会被打上"腹黑"的标签，不复之前的阳光形象。不，你不必如此。事情没有那么复杂。

仔细观察一下你的周围，那些被公司重用的人，是不是得到了他们想要的资源，从而把工作完成得更加出色？人们会听从他们的指令。所以，你也要成为和他们一样的人——就这么简单。

> 只要你把工作做好，你就能获得权力。

法则 105
赢取他人支持

设想一下，如果你希望公司批准你的方案，或者想要争取更多的部门经费，又或者有人从中作梗，不想让你参与某个项目，要想达成自己的目标，你就应该——而且必须——准备好充足的理由，冷静而流畅地证明你的主张。但无论你的理由多么令人信服、事前准备有多么充分，你依然只是一个人。

如果有更多的人呢？如果有两三个人支持你，你的胜算就大得多。别那么保守，想一想，如果有五个、六个，甚至更多人会怎么样？所以你必须去争取他们的支持。支持你的人越多，你的主张就越有分量。对管理层还有你的同事来说，否决某一个人的提议比否决一群人要容易得多。

首先要找出那些你想争取的人。谁的话在大家心中有分量？如果你能说服这类人，他们就会帮你搞定剩下的事情。所以，你先要瞄准那些受人追随的引领者以及备受尊敬的思想者，努力争取他们的支持。他们不仅能帮你召集到不少拥护者，而且他们的意见往往具有决定性的作用。

有些人很容易被说服：软弱的人、耳根子软的人、因为你的青睐而感到受宠若惊的人，还有那些习惯追随不愿出头的人。你也要努力争取这些人的支持。多多益善，有更多的人支持你总归是件好事。但这不仅仅是个数字游戏。拥有两位有影响力的、备受尊敬的同事的支持，要远远胜过一群初出茅庐的愣头青的鼓噪。质量永远高于数量。

好了，你已经锁定了想要争取的对象。现在你得遵从相关法则来赢得他们的支持。了解他们的动机；找到能让他们支持你的筹码——不要以为能用同一个筹码打动所有人。也许这样会对他们部门有好处，也许对他们个人有好处，也许能建立一个很好的先例，也许能帮他们摆脱一个难缠的同事，也许能为他们自己的提案扫清道路，也许能为他们赢来一次露脸的机会，让他们面子上好看。又或者这样做对他们没有损失，他们只是纯粹被你说服了。你的责任就是找到让每个人支持你的理由，然后以此来打动他们，必要时可以微妙措辞，也可以开诚布公。一旦得到这些人的支持，你所调动起的合力就能对决策者产生重大影响。

质量永远高于数量。

法则 106
控制情绪

　　我在第一条法则里提到过这个话题，但它应该被单独拿出来。想要更强大，想要成为公司的推动力量，你就必须专注于自己的目标，思考该如何实现它。你得有一个清楚的规划。人们能够分辨出你对自己的观点究竟是坚定不移，还是踌躇不决。只有让他们觉得你对自己怀抱坚定的信念，他们才会选择支持你。

　　人们对你的看法与你是否能得到他们的支持密切相关。而一旦你无法控制自己的情绪，他们就会以最快的速度失去对你的信心。工作中尤其如此，因为工作中发生的一些矛盾通常都不关乎情感。你可以对你的搭档说："我也不知道为什么我会讨厌去海边度假，我就是不喜欢。"但是在工作中，你就得列举一些临床的、理性的事实或案例，再加上成本核算和相应预测，来支持你的观点。所以，工作中容不得情绪化。

　　如果你在争论时明显流露出愤怒、烦躁、焦虑或其他情绪，人们就会认为：第一，你的观点建立在情感而非事实的基础上；第二，你缺乏有力的证据，否则你会更加自信。换言之，你越能控制自己的情绪，越不让人看出自己的感受，你就显得越有力量、越让人信服。我知道有时候出于某种原因，你会对某项工作投入大量的情感。这样做没有问题，只是别让他人看出来。

你一定见过一些人在会场上和别人争得面红耳赤，给人的观感很不好。其实只要其中一个人说一句"我可能一开始没有表述清楚"，双方都能顾全体面，比这样对战要好得多。

如果你想在谈判和讨论中树立一个自信、沉稳、权威的形象，你就应该在平时也保持这个样子。当你早晨出现在办公室的咖啡机旁，当团队开始分派一天的工作，不要一脸的冷漠僵硬——这只会令你不受欢迎。你可以适当表达出一些情绪，有时候加入一点激情会更有说服力，但切记，是你在控制情绪，别让它控制了你。

要知道，有些人相当敏感——你可能在无意间就惹毛了他们。请你不要成为这样的人。做一个随和、"迟钝"、乐观、自制的人。

> 只有让他们觉得你对自己怀抱坚定的
> 信念，他们才会选择支持你。

法则107
不要拱手相让

如果你遵守了以上全部的法则，也获得了真正的力量和权威，却还要拱手相让，那么又有什么意义。可令人惊讶的是，很多人都在这么做——即使他们曾经规划，希望拥有这一切。

他们做了什么？他们请求、期待或允许别人替他们打理自己的事情。他们不愿对自己和自己的决定承担责任。这就好像你让你的母亲帮你洗衣服——你破坏了自己的权威。如果你想要维系自己的权力和他人对你的尊重，你就必须自己做出决定，并且坚持到底。你必须自己完成工作。虽然一个优秀的经理人能够代劳，但有些任务还是需要你亲自完成。你很清楚别人的想法。你必须承认犯下的错误，而不是找借口。你必须独立思考——你可以征求他人的意见，但不能指望他们代替你思考。你要站在领导者的层面上看待问题，而不是盲目听从他们的指示。

换句话说，你的言行举止必须像个成年人，一个负责、坚强、有权威的成年人，而不是一个软蛋，一个唯唯诺诺、傻里傻气、不可依靠、惊慌失措的小孩，这些都不是强者的特质。把自己的错误怪罪在别人身上很容易，但这样做只会让你的缺点暴露无遗。听好，如果你上班已经迟到得离谱，还在不断抱怨不是你的原因，只是别人打扰了你、别的事儿耽搁了你……
那么你只会让人们注意到你迟到的事实，而且听上去你非常在
意，一味要撇清自己的责任。人们会怎么想？我来告诉你。他
们会觉得既然所有人都能按时上班，你为什么就不能早起五分
钟，和大家一样不迟到呢？

那么，如果你真的迟到了，应该怎么做呢？你内心要明
白，如果能再多给你一点时间，这一切就不会发生。接着你
走进办公区域，直接进入主题："抱歉我迟到了。我们开始
吧……"不觉得这样听上去很有权威吗？当然，如果你遵循法
则行事，迟到不会成为惯例——任何错误犯一次就好。但当这
类情况发生时，你就必须负起责任，然后继续工作。在你承担
起杂务、责难、后果和决策的同时，你也在积蓄你的力量。

你的言行举止必须像个成年人。

第十二篇

如果你意犹未尽

　　嗨，你的生活中可不是只有工作。如果你够聪明，你就会想从成功人士身上学到各方面的秘诀：工作、金钱、生活、交际、育儿。好在我已经替你们把苦活都干了——经过多年的观察和研究，我将这些秘诀提炼筛选，总结成了一条条简单有效的法则。

　　我一直担心自己会不会把"泰普勒人生法则"这个主题延伸过度，但鉴于读者的强烈要求，我还是选取了几个与每个人息息相关的重要领域。所以，接下来我会抽选这个系列其他书中的一些法则，供大家试读。

　　你可以随便读读。如果对哪一条感兴趣，对应的那一整本书可以让你找到更多有趣的内容。

关于人生
智慧未必随年龄增长

很多人都有这样一种错觉：随着年龄的增长，我们也会变得更加睿智。事实恐怕并非如此。我们依然愚钝，依然会犯很多错误，只不过我们犯的是与过去不同的、新的错误而已。我们当然会吸取教训，避免重蹈覆辙，但人生的路上永远有一大堆的新坑等着我们自己栽进去。唯一的秘诀是坦然接受现实，如果又犯了新的错误，不要过分自责。本条法则告诉你：当你把事情搞砸的时候，仍然要善待自己。学会宽恕，接受这个事实：智慧未必随年龄增长。

回顾过去，我们可以看到曾经犯过的那些错误，但我们看不到潜伏在未来的差池。智慧的本意不是不会犯错，而是用我们与生俱来的尊严和头脑避免再犯同样的错。

当我们还年轻的时候，我们会觉得衰老离我们十分遥远。但衰老会降临到每个人身上，我们无从选择，只能拥抱它、适应它。无论我们是谁、从事何种职业，我们都会老去。而且随着年龄的增长，衰老的速度似乎还在变快。

你可以换个角度来看——随着年龄的增长，你犯错的领域也越来越广。人们总会不断面临全新的领域，那里没有指导守则，我们难免做错事、会错意，或反应过度。我们越灵活、越冒险、越去积极拥抱生活，就越能探索到新的道路——当然犯的错误也会更多。

只要我们不时回顾过去，找出犯错的原因，并决心不再重蹈覆辙，我们的目的就达到了。记住，这条法则不仅适用于你，也适用于你身边所有的人。每个人都在不断变老，但不见得都会变得更睿智。一旦你明白这一点，你就会以更加仁慈友善的态度看待自己和他人。

最后我要说的是，时间的确能够治愈伤痛；长大之后，一切的确都会变好。毕竟你犯过的错误越多，遇到新问题的可能性就越小。最好的方法是，趁自己年轻的时候尽可能去多犯错误，这样到你老的时候就不会到处碰壁。这就是年轻的意义，你有犯错的资本，可以为以后的人生扫清障碍。

> 智慧的本意不是不会犯错，而是用我
> 们与生俱来的尊严和头脑避免
> 再犯同样的错。

关于财富
财富面前人人平等

　　金钱的好处在于它的一视同仁。它才不管你的肤色和种族，不管你的社会阶级，不管你父母是做什么的，甚至也不管你认为自己是谁。每天都从零开始，所以不论你昨天做过什么，今天又是崭新的一天，每个人都有平等的权利和机会，去追逐他们想要的东西。唯一能够阻止你的就是你自己，还有你对于金钱的迷思。

　　这个世界的财富只待有心人获取。不然要怎么解释？金钱不可能知道谁是它们的主人，他们资质如何，有什么雄心壮志，又属于哪个社会阶层。金钱没有眼睛耳朵，也没有任何感觉。它没有生命、没有活力、没有情感，也就毫无逻辑可循。它们被使用、被消费、被用于储蓄和投资，是人们争取的目标之一，也是人们劳动的目的之一。所以金钱自己并没有什么辨别装置，无法判断你是否有资格拥有它。

　　我观察过许多极其富有的人物，他们唯一的共同点就是彼此之间大相径庭——当然除了一条：他们都是法则践行者。富人是一个驳杂的群体——你很难对他们做出归纳。他们中有上流精英，也有村野小民；有的聪慧过人，有的智商堪忧；有人本该发迹，也有人是上天的错爱。但他们中的每个人都会站出来告诉你："是的，我想要那个。"而穷人则会推辞："不了，谢谢你，那肯定不是我的。我没钱，我还不配得到它。我不能。我不行。我不会。"

这就是本书所要探讨的问题，向你的财富和金钱观发起挑战。我们总是想当然地认为，人之所以贫穷，是受到环境、背景、成长经历、后天教养的影响。但如果你能够买到一本这样的书，又生活在一个相对安全和舒适的社会里，那你一样有获得财富的权利。这可能很难，也许会非常艰辛，但一定可以实现。这就是财富的第一条法则：财富面前人人平等，只待有心人获取，而随后的全部法则都会教你如何获取。

> 每个人都有平等的权利和机会，去追
> 逐他们想要的东西。

关于管理
让下属全情投入

　　你是一名管理者，你的下属为了挣钱而工作。但如果对他们而言，这"仅仅就是一份工作"，他们就不会付出百分之百的努力。如果他们每天只是打卡上下班，想着法子蒙混过中间的八个小时，那么你，我的朋友，就注定是一名失败的管理者。反过来说，如果他们很享受自己的工作，认为自己能在工作中施展才华、接受挑战、启发灵感，从而全情投入，那你一定能激发出他们的最佳表现。问题的关键在于，无论是对团队放任自流，还是打造一块金字招牌，完全取决于你。你才是那个鼓舞、引领、激励、考验他们，让他们全情投入工作的人。

　　这很棒。你原本就喜欢挑战，不是吗？好消息是，激发团队的热情并非难事。你要做的就是让他们关心自己所做的工作。这很简单。你只要让他们看到这份工作所产生的影响，了解它在如何改变大家的生活、满足人类的需求，而他们又是怎样通过工作来和这个社会发生关联的。你要让他们深信——当然这也是事实——他们所做的工作是有意义的，不仅仅填满了老板和股东的荷包，不仅仅帮总经理拿到一张丰厚的支票，同时也为社会做出了贡献。

　　不错，我明白，如果你的手下是一群护士而不是广告销售员，那么你会更容易说明他们在怎样为这个社会做贡献。但如果你仔细想想，你会发现其实任何一个职业都有它的价值，你都有可能激发员工让其充满自豪感。怎么说？很简单。广告销售员通过卖广告来帮助一些公司招揽业务，这些公司可能规模很小，通过登载广告寻找市场。他们让潜在的客户注意到这些他们期待已久又真切需要的信息资源，同时也帮助报纸和杂志维持经营，因为广告是它们的收入来源。此外，他们还为读者提供了有用的信息，带给他们愉快的阅读体验（不然他们才不会订阅呢）。

让下属关心工作是件简单易行的事，因为有这样一个前提：每个人内心深处都希望自己的价值能被认可，都渴望对社会有益。那些愤世嫉俗的人可能对此不屑一顾，但这是事实。你要做的，就是发掘人们内心深处的诉求，你会了解他们的担忧、感受、顾虑、责任，以及对事业的投入。把握住这些东西，那么在他们自己意识到原因之前，就已成为你忠实的拥护者。

对了，在你拿自己的团队进行试验之前，你必须先能说服自己。你是否相信自己的工作会对社会产生正面的影响？如果你还不确定，那就继续深入挖掘，直到你找到自己关心的那个点……

> 你要让他们深信——当然这也是事实——他们所做的工作是有意义的。

关于为人父母
放轻松

在你认识的人里，谁是最出色的父母？是不是那些看似只凭本能说话做事，却教出了快乐自信、全面发展的好孩子的幸运爸妈？你有没有思考过这其中的缘由？现在你再想想那些你私底下认为比较糟糕的父母。他们哪里做得不好？

我所知道的模范父母都有一个共同点：他们对待教育孩子这件事很放松，而那些糟糕的爸妈们总会对某些事情过分在意。也许他们并不是紧张自己称不称职（或许他们应该紧张一下），但他们对于某些细节的过分在意，的确影响了他们成为一名称职的家长。

我认识一对有洁癖的夫妇，他们的孩子必须把鞋脱在门外，否则就会天下大乱，即便鞋子是干净的。如果孩子们乱放东西，或是把房间搞乱（即使事后会清理干净），他们还是会严厉呵斥。久而久之，孩子们根本无法放松心情，享受童年。他们时刻提心吊胆，生怕裤子上沾染了泥土或是不小心打翻了番茄酱。

我还有一位朋友，十分争强好胜，所以他的孩子总是处于高度的压力之中，哪怕是参加一场友谊赛，也必须拿到第一名。另一位朋友则是过度保护，连孩子擦到膝盖都会坐立不安。你一定也可以想到身边很多类似的家长。

而另一方面，我所遇到过的最好的父母都十分宽容，允许孩子吵吵闹闹、乱蹦乱跳、屋子乱了可以收拾，小吵小闹不要紧，把自己糊一身泥也没关系。他们允许孩子释放天性，因为他们知道自己有十八年的时间，可以慢慢把这些淘气的小东西调教成受人尊敬的成年人，大可以一步一步慢慢来。不要急着把他们变成大人的模样——他们终究都会成为大人。

相信我，虽然有些人永远没法像那些严格践行法则的父母们一样轻松育儿，但随着时间的推移，这条法则会变得越来越容易做到。相较于最后一位离巢的少年，你很难对家里第一位降临的婴孩轻松相待。其实对于婴儿，你只要照顾到他们的基本需求就好——保证健康，别饿到他们，别让他们太不舒服——其他的都不用大惊小怪。不管是尿布没包对，今天没时间给他们洗澡，还是周末要外出不能哄他们睡觉（没错，我有一位朋友就遇到过这种情况，作为一名践行法则的家长，她完全没有大惊小怪），你都应该轻松看待。

不妨设想一下这样的场景：一天的工作和家务结束后，做父母的跷起脚，端起一杯红酒或是金酒（别误会，我可没有鼓励家长们用酒精麻痹自己，只是为了放松），高高兴兴地碰个杯："管它呢……孩子们都活得好好的，我们多少总做对了一些事吧。"

> 那些最好的父母都十分宽容，允许孩子吵吵闹闹、乱蹦乱跳、屋子乱了可以收拾，小吵小闹不要紧，把自己糊一身泥也没关系。

关于爱情
做你自己

　　每次遇见一个心动的人，是不是都很想做一个全新的自己？是不是很想变成对方期待的那个样子？你可以变得特别深沉，也可以变得沉默、坚强又神秘。至少你不会再不分场合地乱开玩笑以免让自己尴尬，也不会在处理问题的时候露出一副可怜相。

　　但事实上，你不应该这么做。也许你能够装一两天，甚至一两个月，但你不可能永远装下去。如果你认为对方就是那个命中注定的人，那么你很可能要和她共度接下来的半个世纪。想象一下，你能够假装深沉，或是压抑自己天生的幽默感五十年之久吗？

　　不可能，不是吗？难道你真的愿意一辈子都躲藏在自己那个虚假人格的背后？想象一下，因为担心失去你的爱人，而不敢表现出真实的自己，这会是怎样一幅场景？假如他们在几个星期、几个月或是几年之后发现了这一切，又会是怎样的结果？他们一定会很失望，而如果你发现他们的性格也一直是装出来的，你也会同样失望透顶。

　　我并不反对你想要翻开崭新的一页，让自己变得更好。其实不仅在爱情中，我们在其他事情上也应该一直怀抱这样的热情。当然，你完全可以试着让自己变得更有规划、更加乐观。改善自己的行为是一件好事，只是别去改变你原本的性格。那样行不通。你越努力，就越束手束脚。

所以，做回你自己吧。最好现在就展现出你真实的样子。如果你不是对方在寻找的人，至少你还没有陷得太深。你知道吗？也许对方并不是真的喜欢深沉，对那种沉默、坚强的类型也不太买账。也许他们就喜欢你坦率的幽默感，也许他们就想和需要他们照顾的人在一起。

明白了吗？如果你一直伪装，你就会吸引那些原本不属于你的人。这样有什么意义呢？要知道，在世界的某个角落，有个人就在寻找像你这样的人，你所有的缺点和不足他都照单全收。听我说完——在他们眼中，这些根本就不是什么缺点和不足，而是你独特魅力的一部分。他们才是你要找的人。

最好现在就展现出你真实的样子。